GIOCHI DIVERTENTI PER I BAMBINI

Libri Di Bambini Piccoli | Vol. 3 | Frazioni E Divisione

ActivityCrusades

Pubblicato da Speedy Publishing Canada Limited

ActivityCrusades
activity books

FRAZIONI

SCRIVI LA FRAZIONE DELLA PARTE OMBREGGIATA. IL PRIMO È FATTO PER TE.

1)
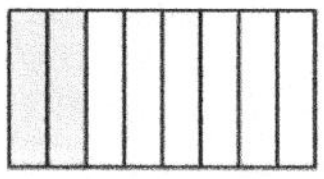

2)
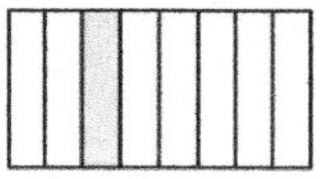

3)
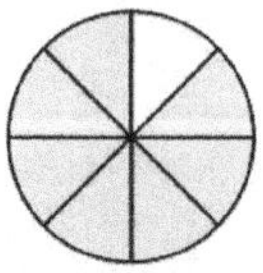

4)
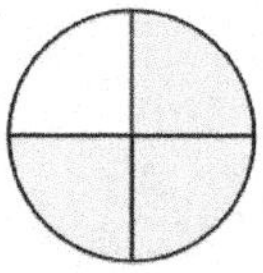

5)
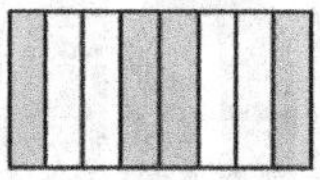

6)
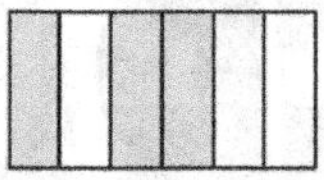

7)
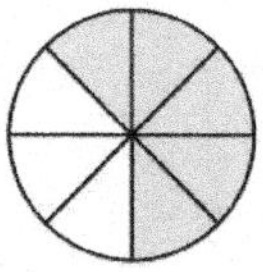

8)
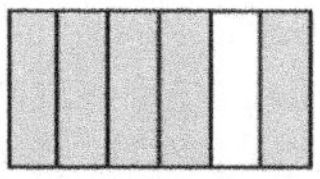

9)
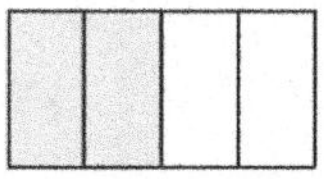

10)
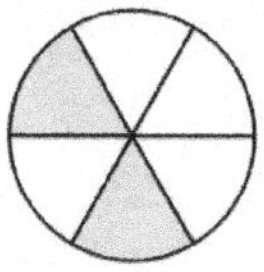

11)
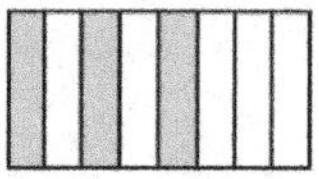

12)
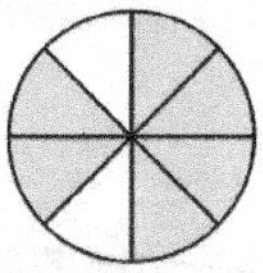

13)
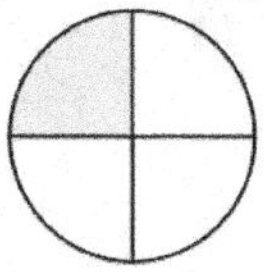

14)
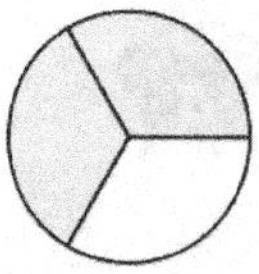

15)
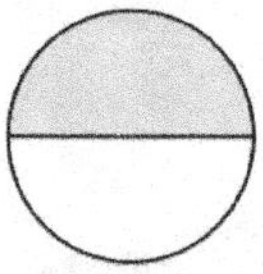

16)
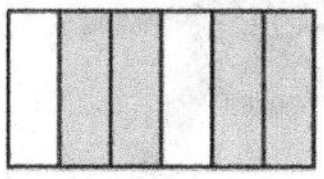

17)
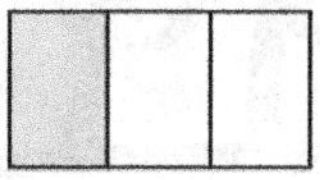

18)
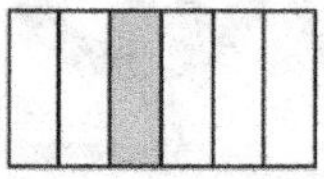

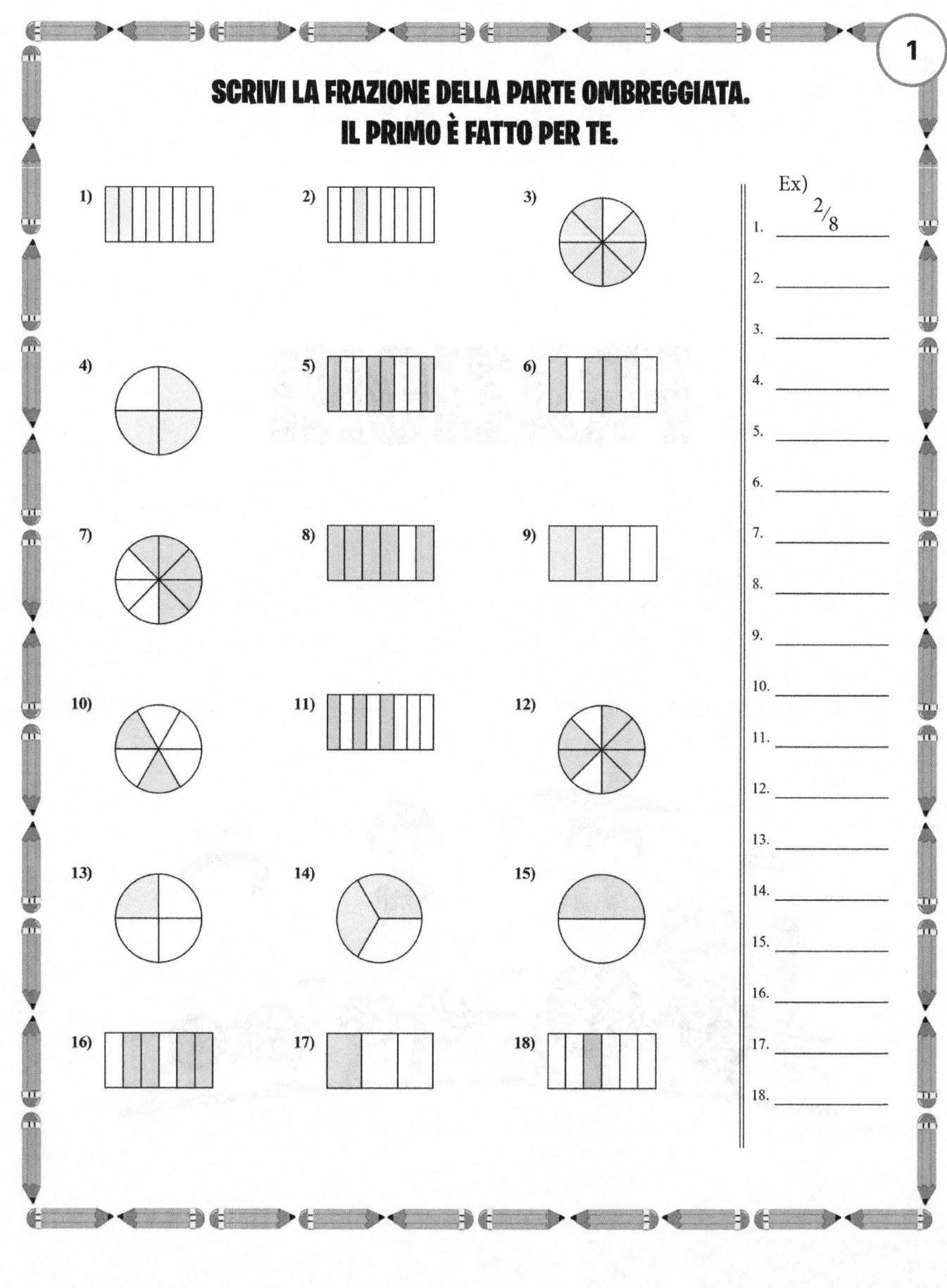

Ex)

1. $^{2}/_{8}$
2. ______
3. ______
4. ______
5. ______
6. ______
7. ______
8. ______
9. ______
10. ______
11. ______
12. ______
13. ______
14. ______
15. ______
16. ______
17. ______
18. ______

1) 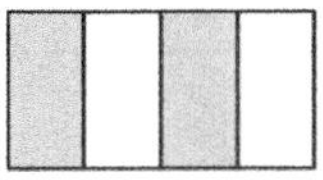

2) 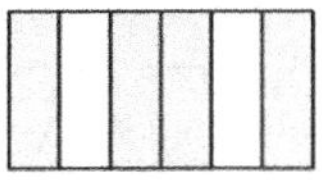

3) 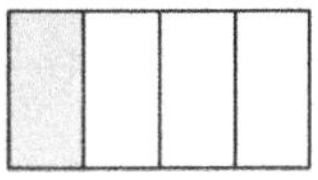

4) 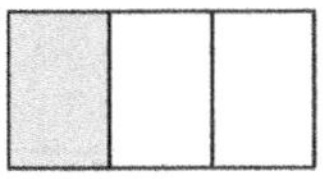

5) 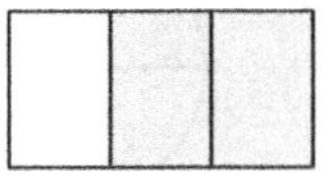

6) 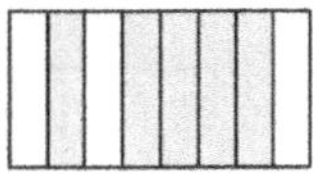

7) 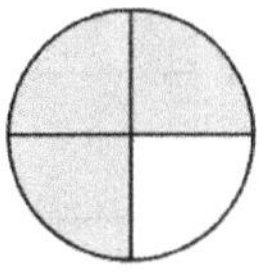

8) 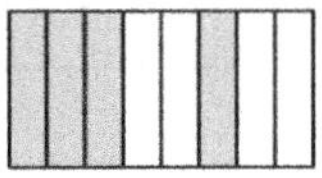

9) 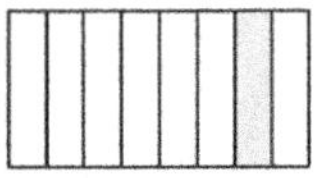

10) 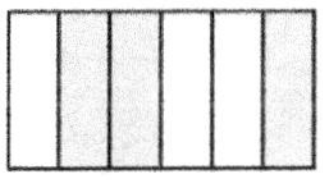

11) 

12) 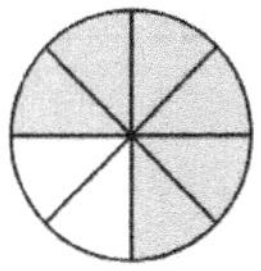

13) 

14) 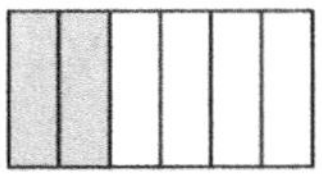

15) 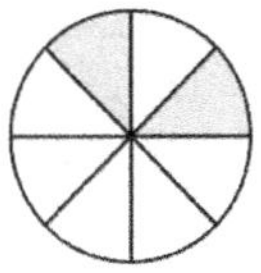

16) 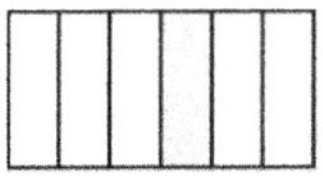

17) 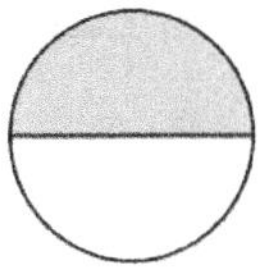

18) 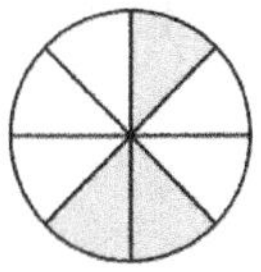

1. ____________

2. ____________

3. ____________

4. ____________

5. ____________

6. ____________

7. ____________

8. ____________

9. ____________

10. ____________

11. ____________

12. ____________

13. ____________

14. ____________

15. ____________

16. ____________

17. ____________

18. ____________

1) 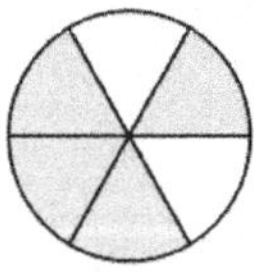

2) 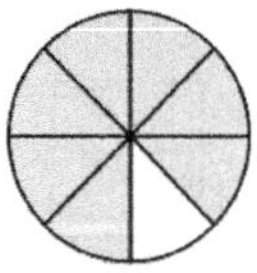

3) 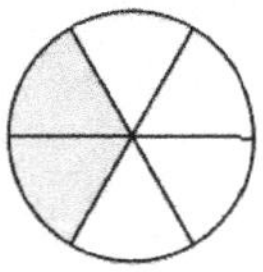

4) 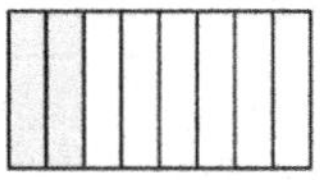

5) 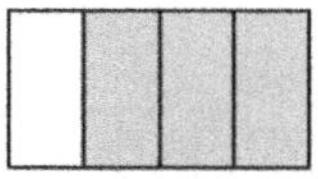

6) 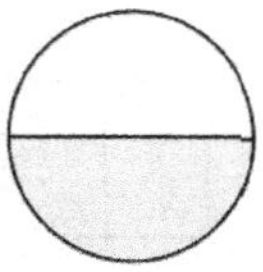

7) 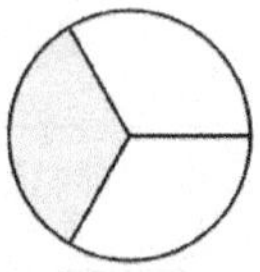

8) 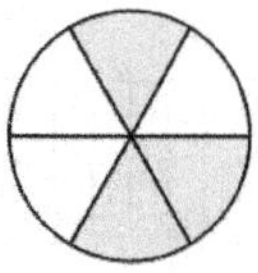

9) 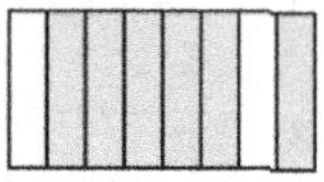

10) 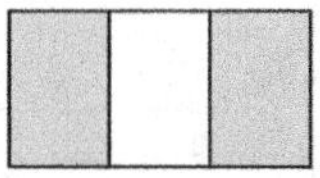

11) 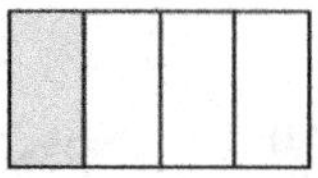

12) 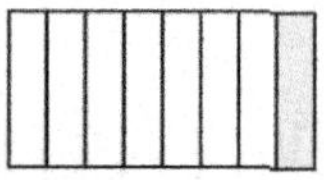

13) 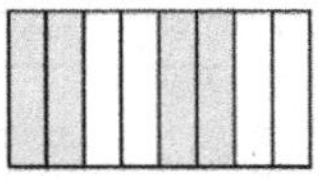

14) 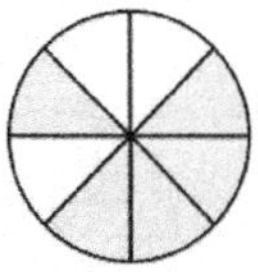

15) 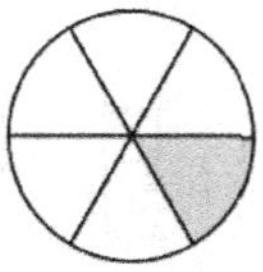

16) 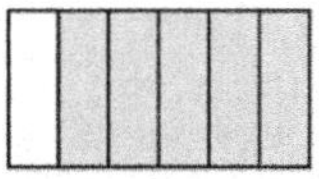

17) 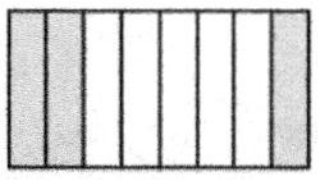

18) 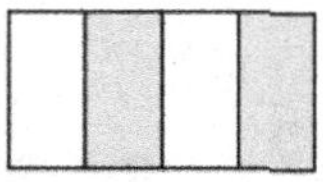

1. ____________

2. ____________

3. ____________

4. ____________

5. ____________

6. ____________

7. ____________

8. ____________

9. ____________

10. ____________

11. ____________

12. ____________

13. ____________

14. ____________

15. ____________

16. ____________

17. ____________

18. ____________

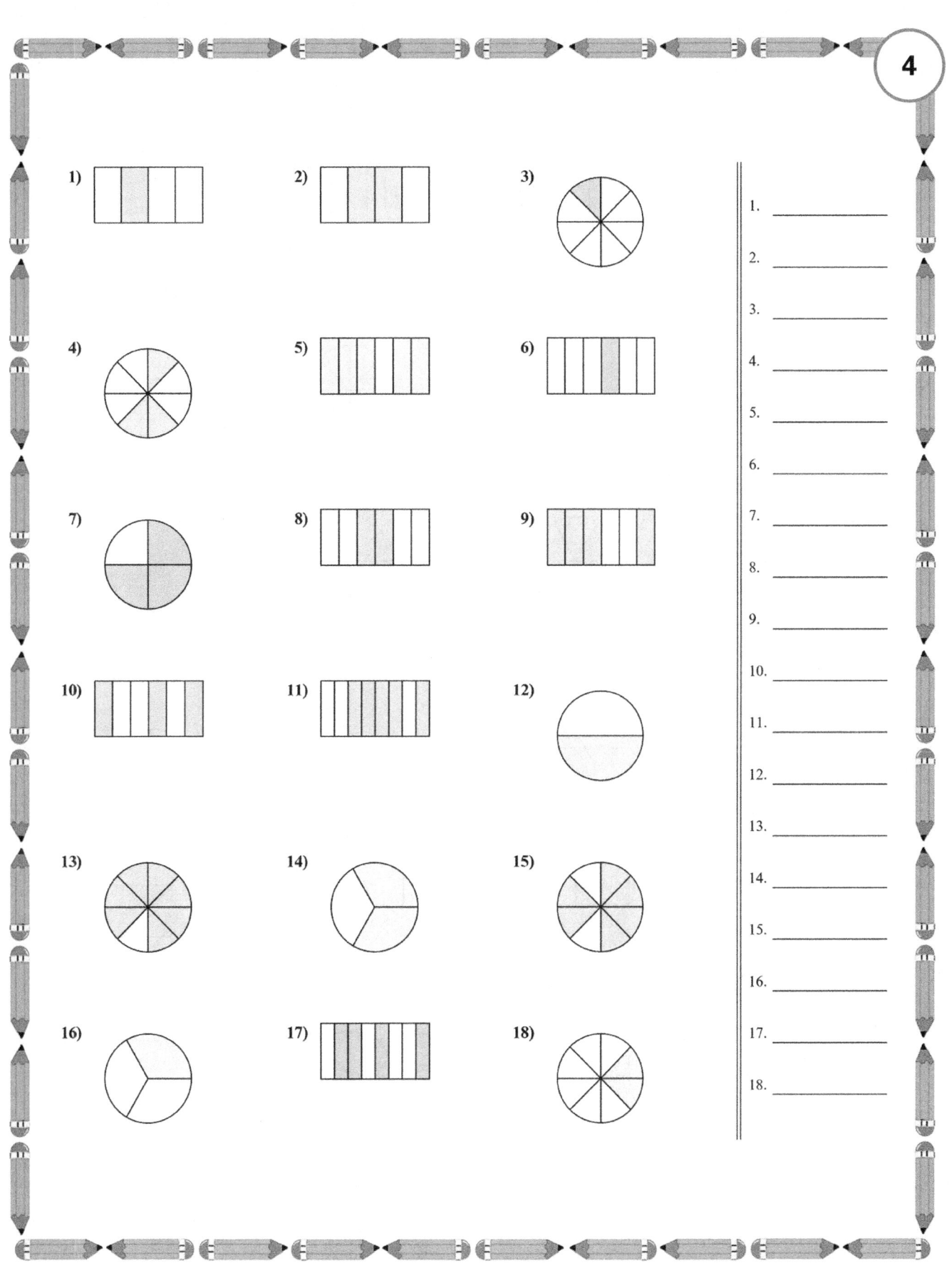

1) 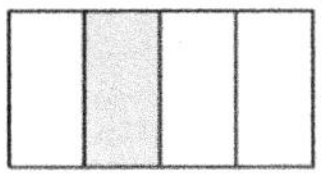

2) 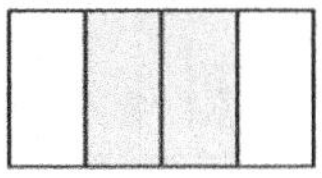

3) 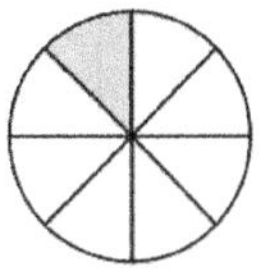

4) 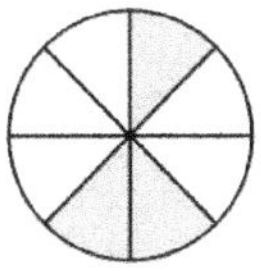

5) 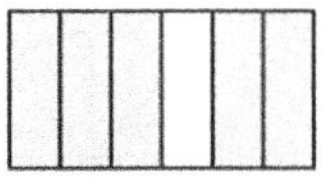

6) 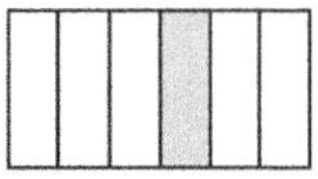

7) 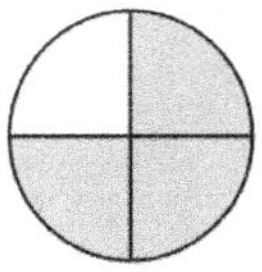

8) 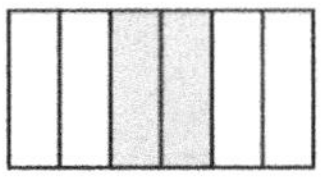

9) 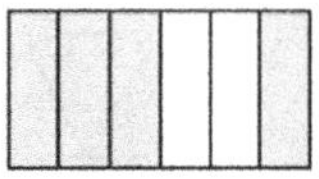

10) 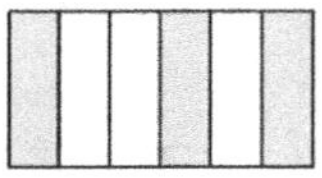

11) 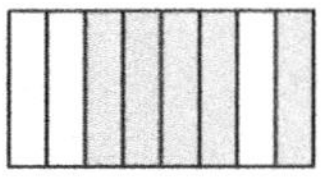

12) 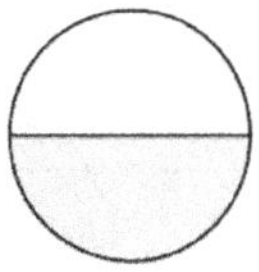

13) 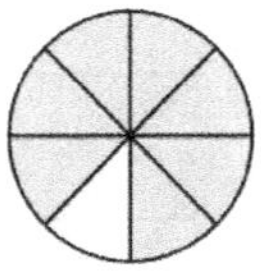

14) 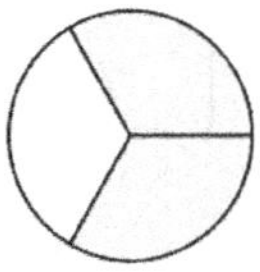

15) 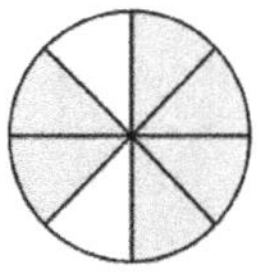

16) 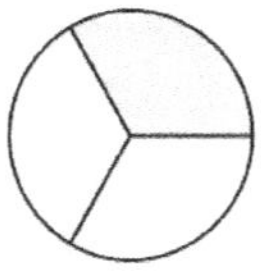

17) 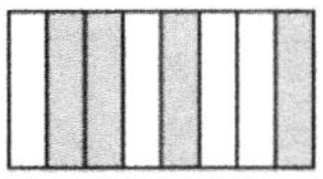

18) 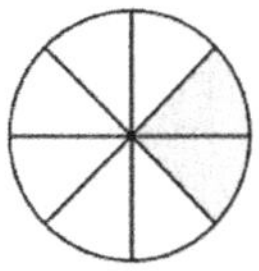

1. ______________

2. ______________

3. ______________

4. ______________

5. ______________

6. ______________

7. ______________

8. ______________

9. ______________

10. ______________

11. ______________

12. ______________

13. ______________

14. ______________

15. ______________

16. ______________

17. ______________

18. ______________

1) 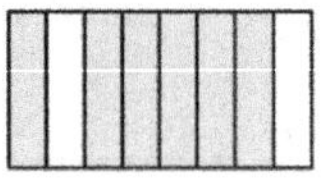

2) 

3) 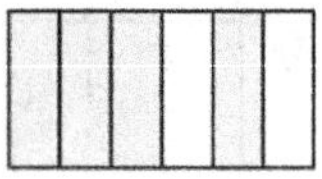

4) 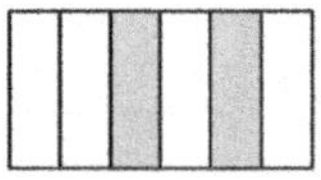

5) 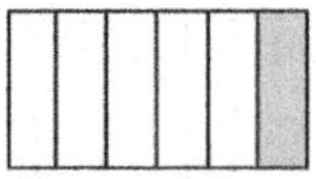

6) 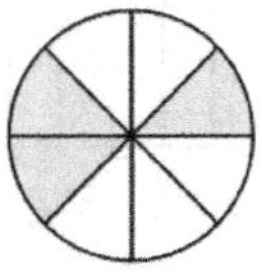

7) 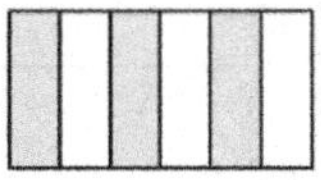

8) 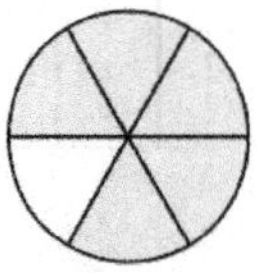

9) 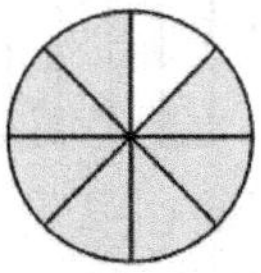

10) 

11) 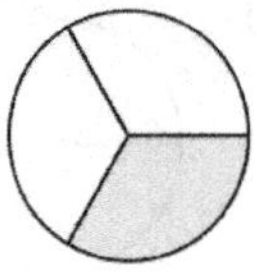

12) 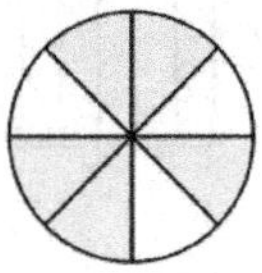

13) 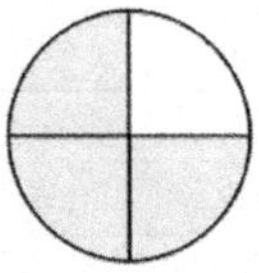

14) 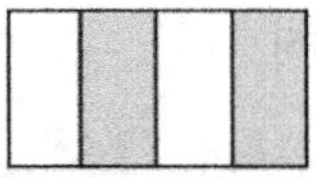

15) 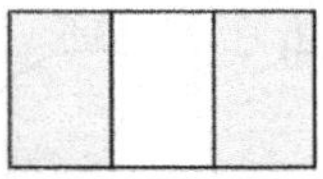

16) 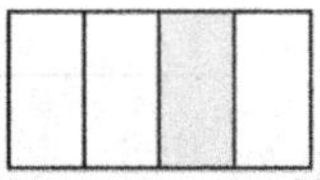

17) 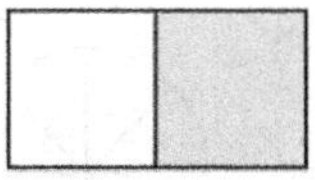

18) 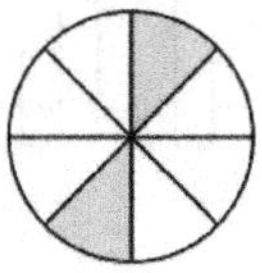

1. ____________

2. ____________

3. ____________

4. ____________

5. ____________

6. ____________

7. ____________

8. ____________

9. ____________

10. ____________

11. ____________

12. ____________

13. ____________

14. ____________

15. ____________

16. ____________

17. ____________

18. ____________

1) 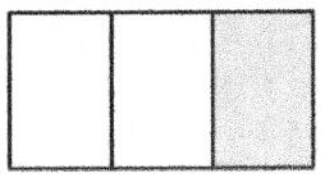

2) 

3) 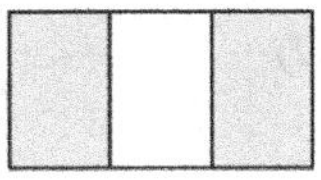

4) 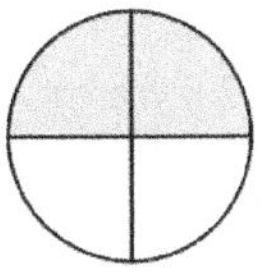

5) 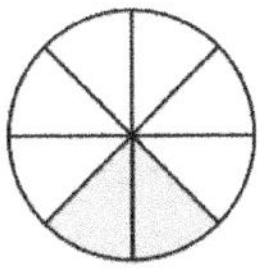

6) 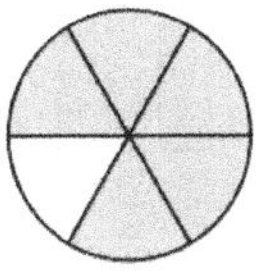

7) 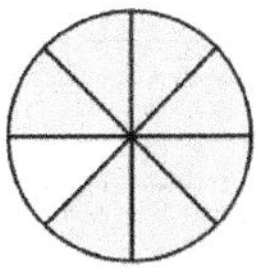

8) 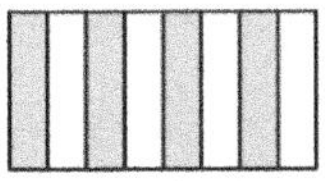

9) 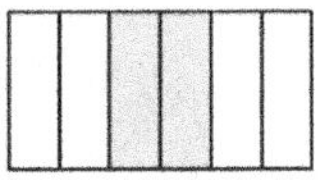

10) 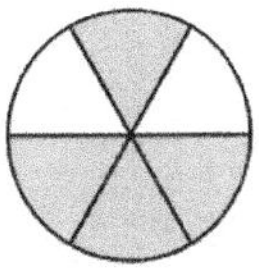

11) 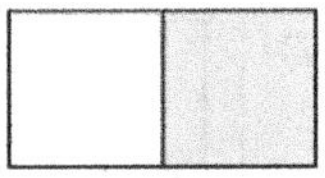

12) 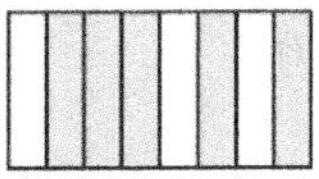

13) 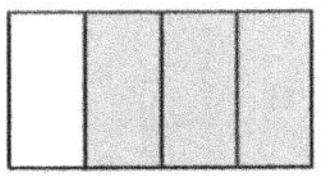

14) 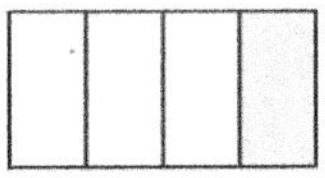

15) 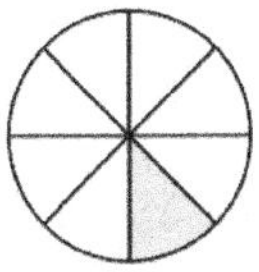

16) 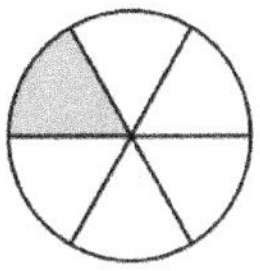

17) 

18) 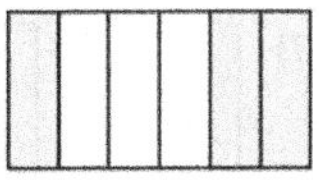

1. ____________
2. ____________
3. ____________
4. ____________
5. ____________
6. ____________
7. ____________
8. ____________
9. ____________
10. ____________
11. ____________
12. ____________
13. ____________
14. ____________
15. ____________
16. ____________
17. ____________
18. ____________

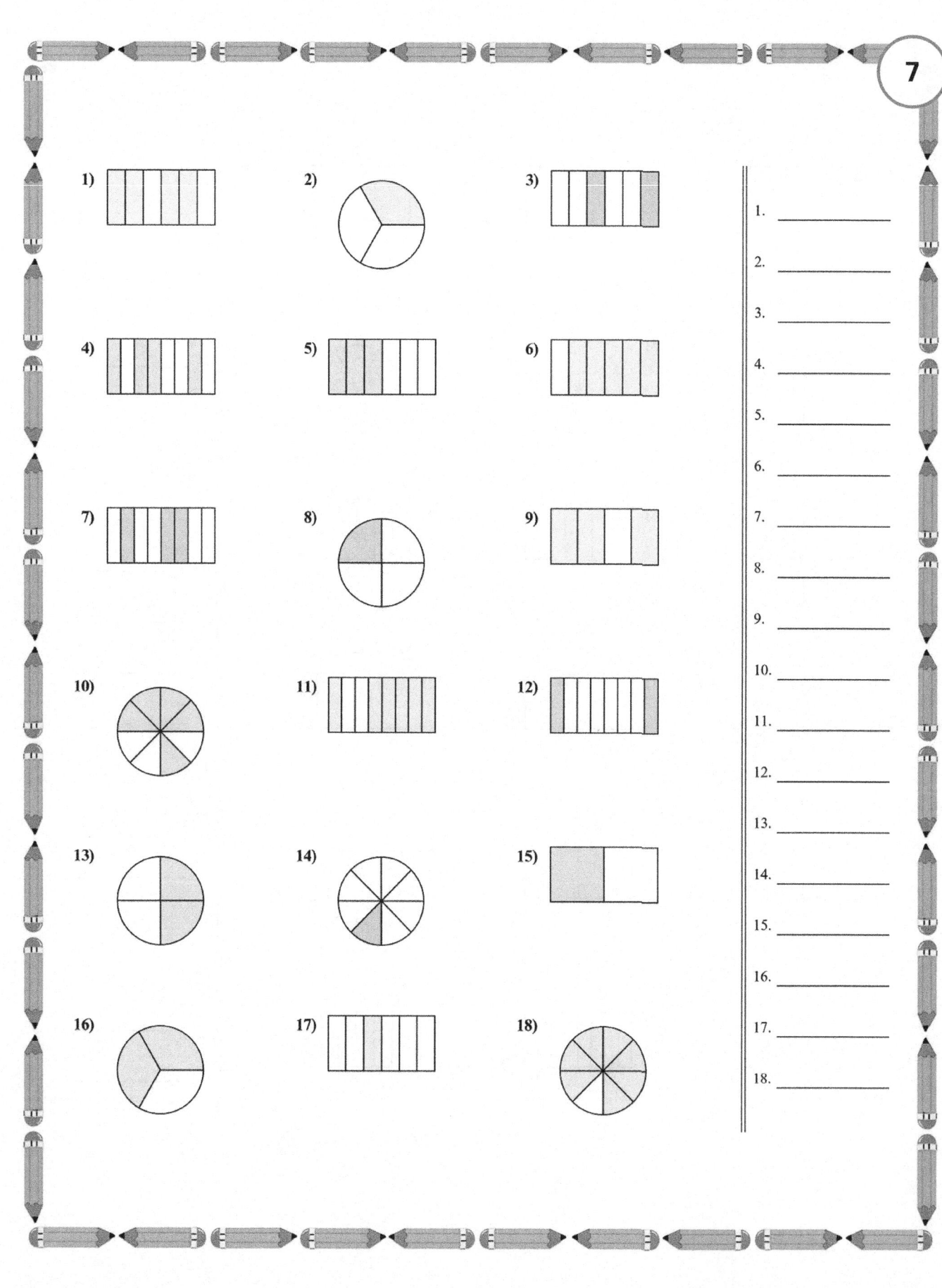

1) 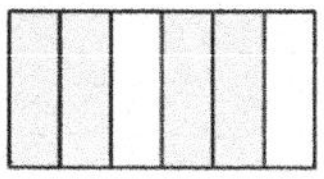

2) 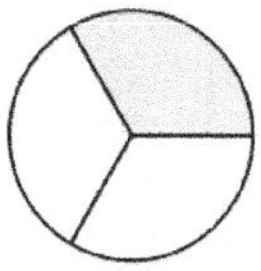

3) 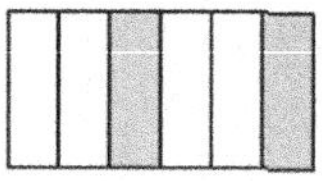

4) 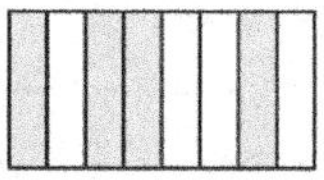

5) 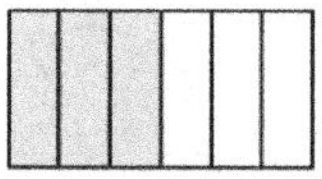

6) 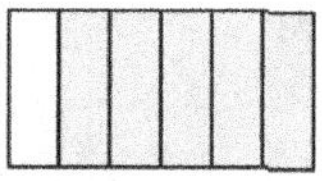

7) 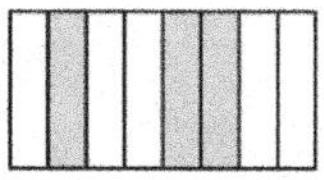

8) 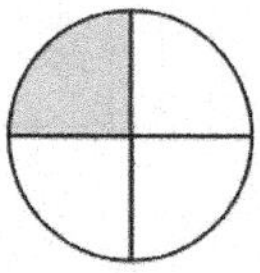

9) 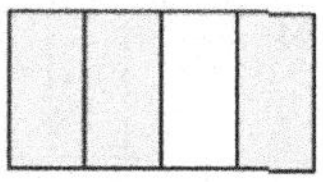

10) 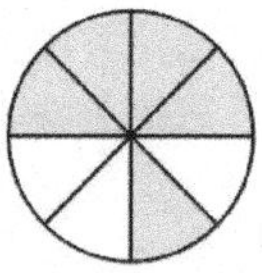

11) 

12) 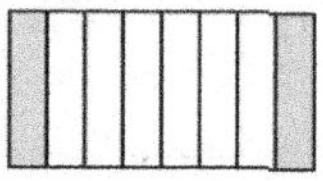

13) 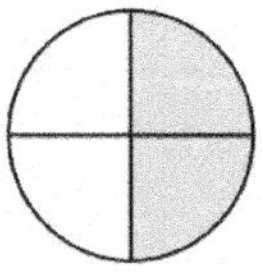

14) 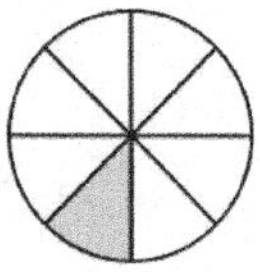

15) 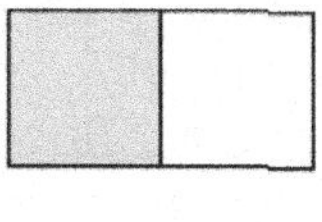

16) 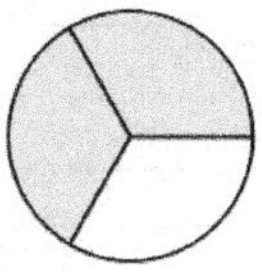

17) 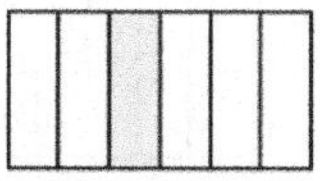

18) 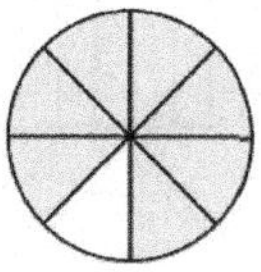

1. ____________

2. ____________

3. ____________

4. ____________

5. ____________

6. ____________

7. ____________

8. ____________

9. ____________

10. ____________

11. ____________

12. ____________

13. ____________

14. ____________

15. ____________

16. ____________

17. ____________

18. ____________

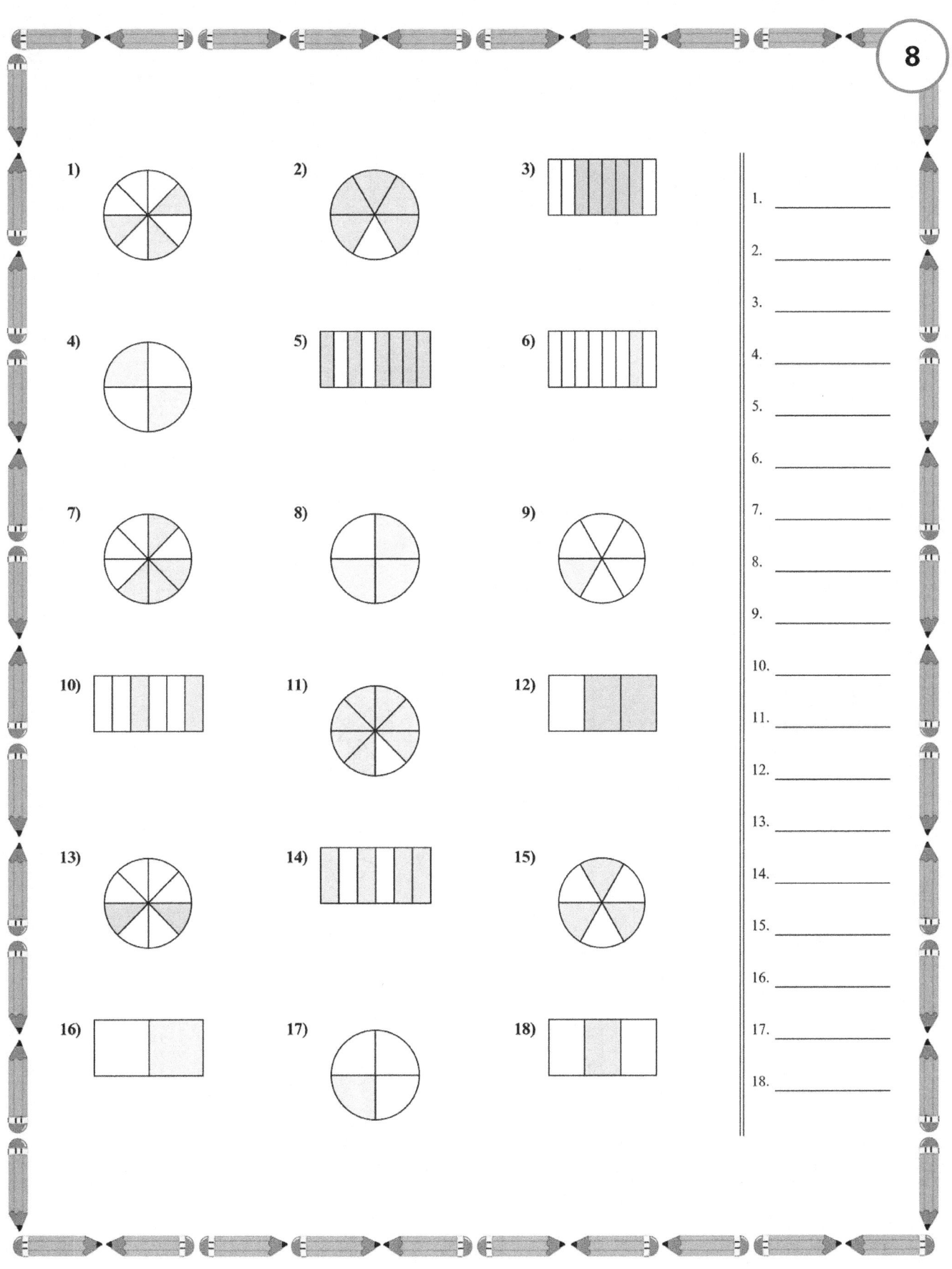

1) 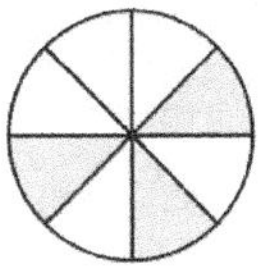

2) 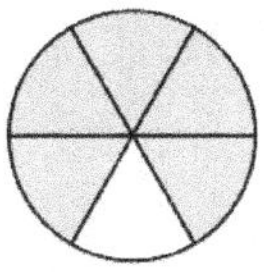

3) 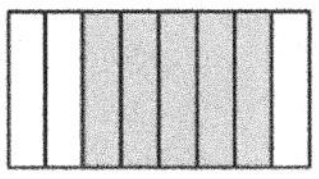

4) 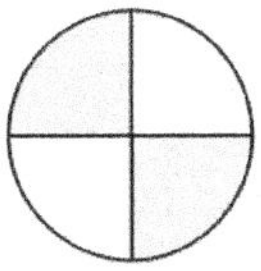

5) 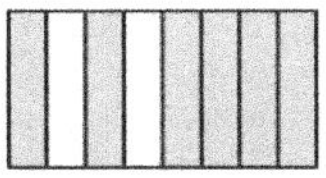

6) 

7) 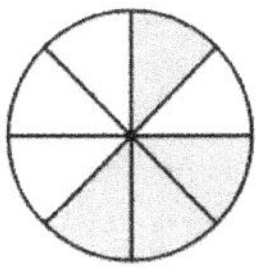

8) 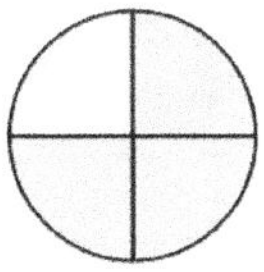

9) 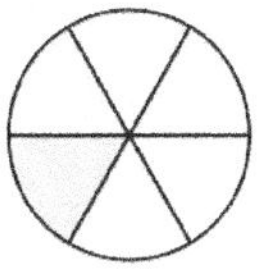

10) 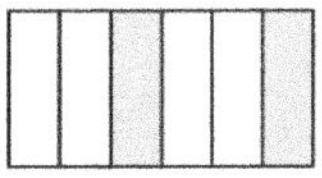

11) 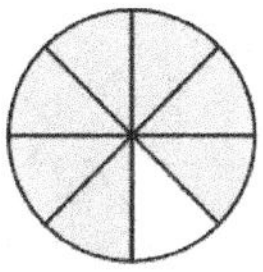

12) 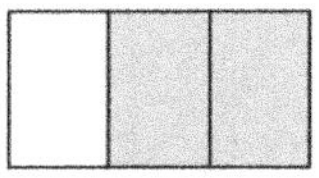

13) 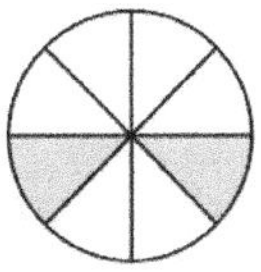

14) 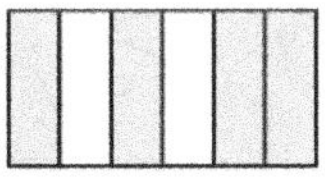

15) 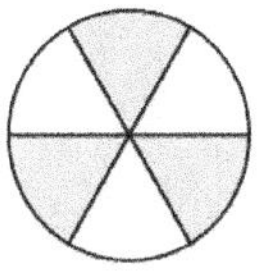

16) 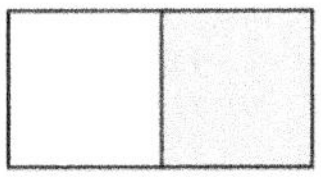

17) 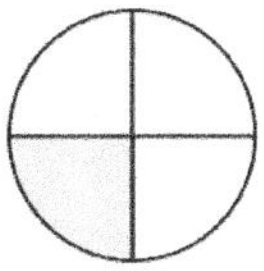

18) 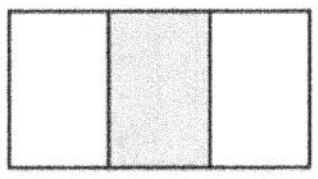

1. ______________

2. ______________

3. ______________

4. ______________

5. ______________

6. ______________

7. ______________

8. ______________

9. ______________

10. ______________

11. ______________

12. ______________

13. ______________

14. ______________

15. ______________

16. ______________

17. ______________

18. ______________

1) 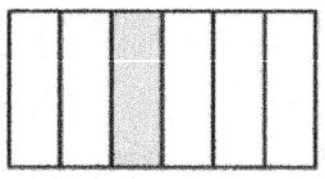

2) 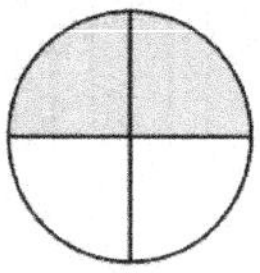

3) 

4) 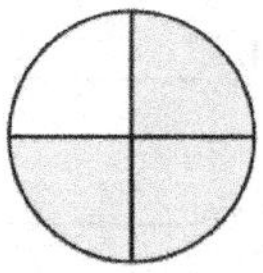

5) 

6) 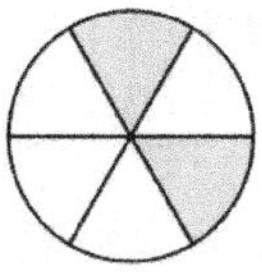

7) 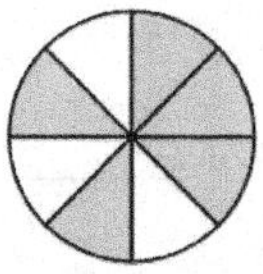

8) 

9) 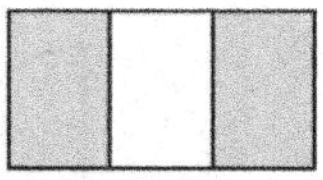

10) 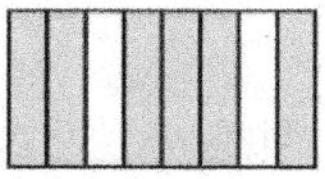

11) 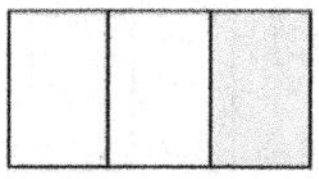

12) 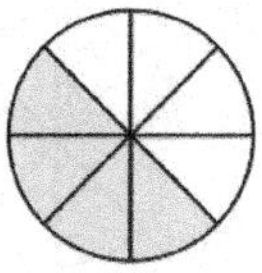

13) 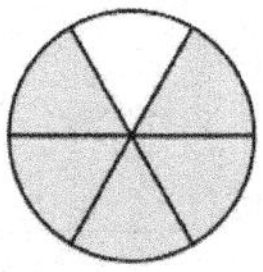

14) 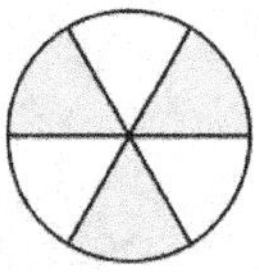

15) 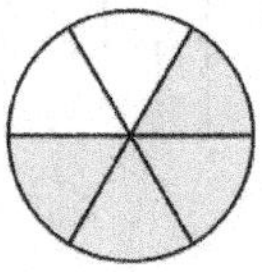

16) 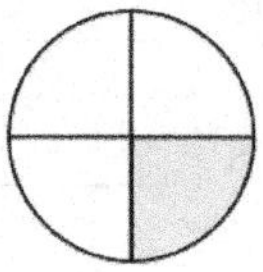

17) 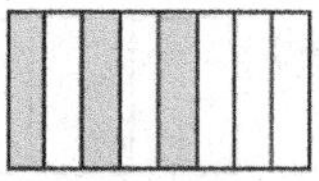

18) 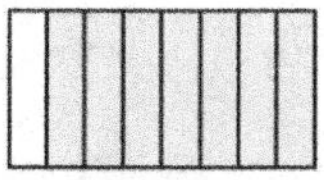

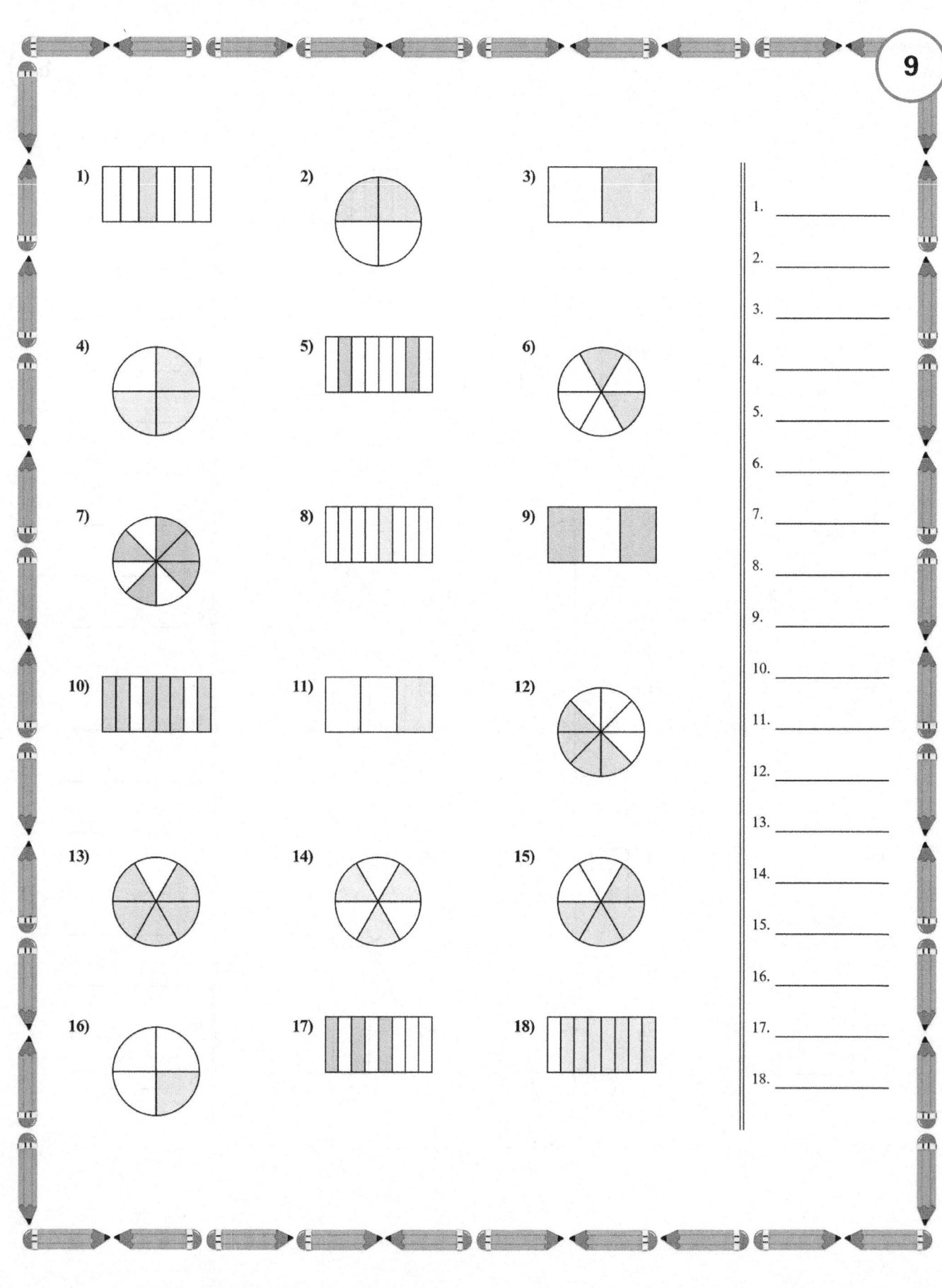

1. ____________

2. ____________

3. ____________

4. ____________

5. ____________

6. ____________

7. ____________

8. ____________

9. ____________

10. ____________

11. ____________

12. ____________

13. ____________

14. ____________

15. ____________

16. ____________

17. ____________

18. ____________

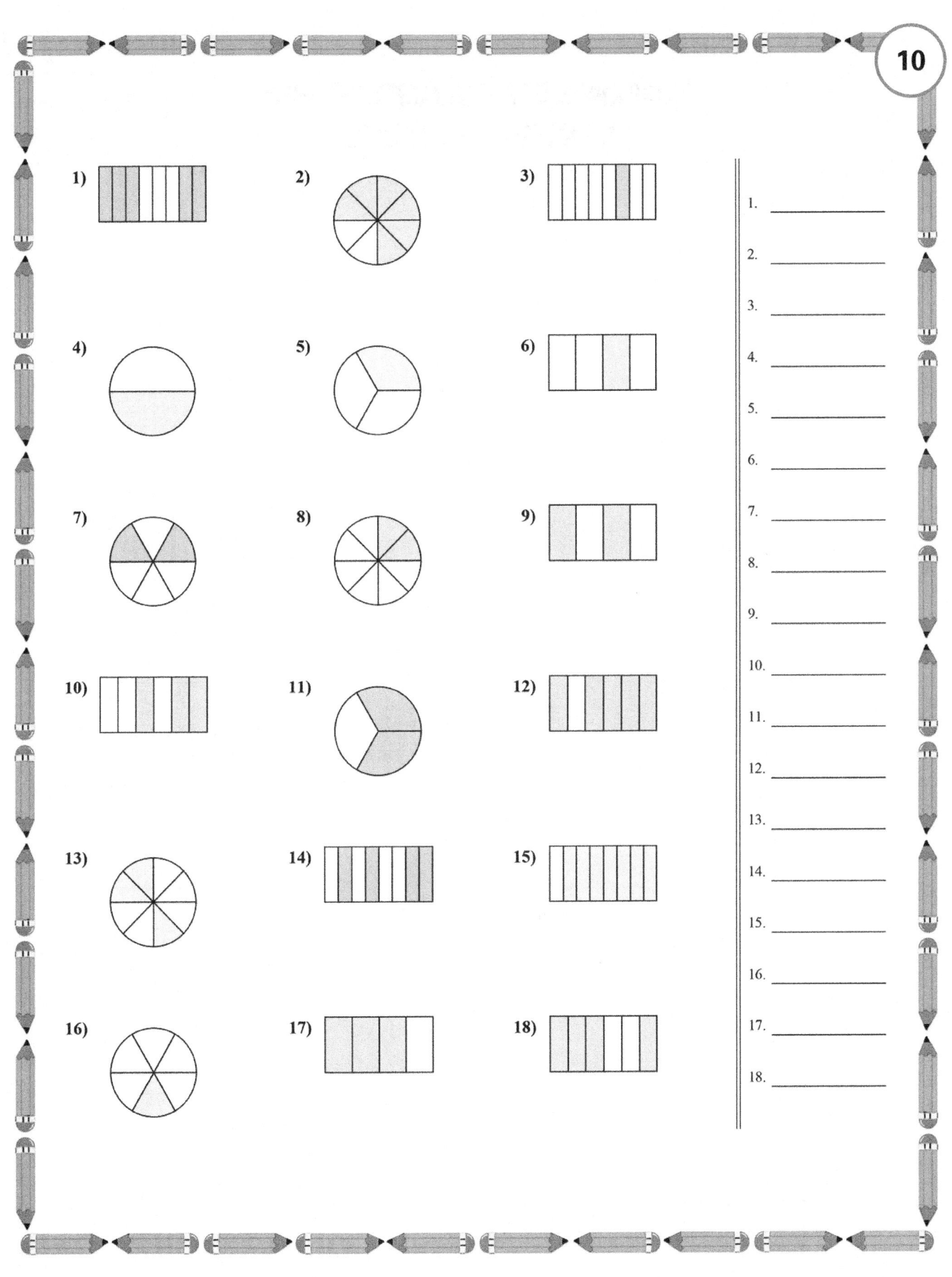

1) 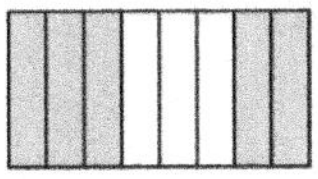

2) 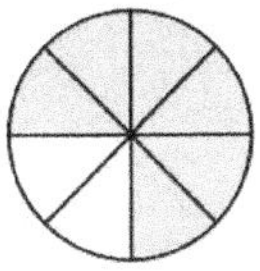

3) 

4) 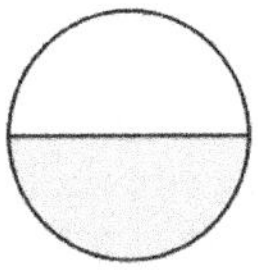

5) 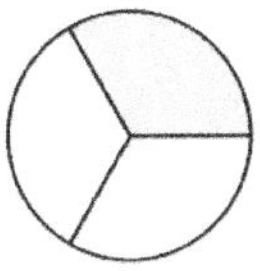

6) 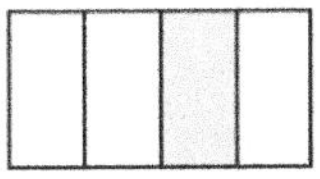

7) 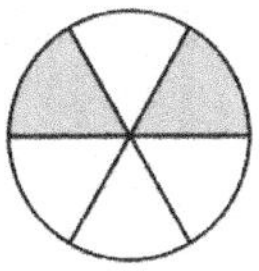

8) 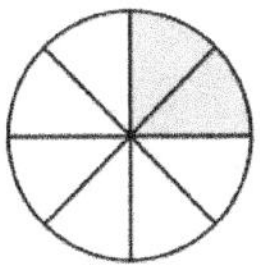

9) 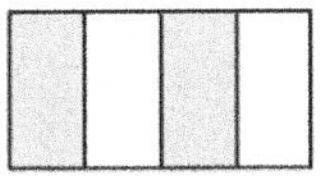

10) 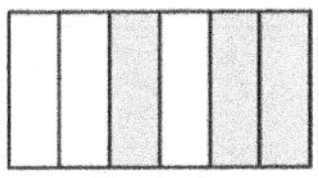

11) 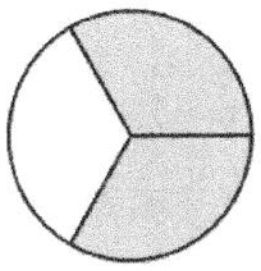

12) 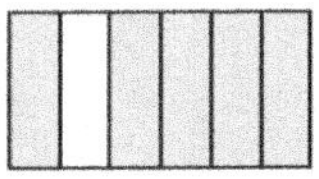

13) 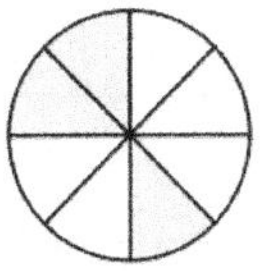

14) 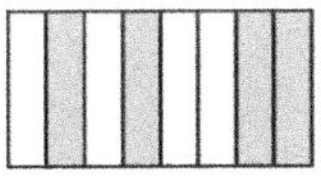

15) 

16) 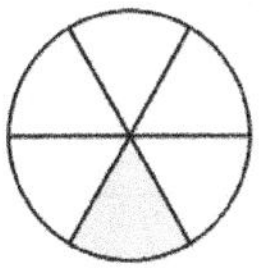

17) 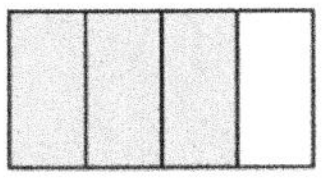

18) 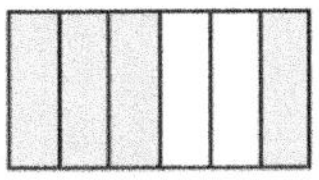

1. ____________
2. ____________
3. ____________
4. ____________
5. ____________
6. ____________
7. ____________
8. ____________
9. ____________
10. ____________
11. ____________
12. ____________
13. ____________
14. ____________
15. ____________
16. ____________
17. ____________
18. ____________

AGGIUNGERE E FRATIZZI SOTTRATTENTI. IL PRIMO È FATTO PER TE.

1) $\frac{4}{5} - \frac{4}{5} = \frac{0}{5}$

2) $\frac{1}{3} + \frac{2}{3} =$

3) $\frac{3}{10} - \frac{2}{10} =$

4) $\frac{3}{12} + \frac{7}{12} =$

5) $\frac{6}{8} - \frac{3}{8} =$

6) $\frac{2}{6} + \frac{5}{6} =$

7) $\frac{9}{12} - \frac{5}{12} =$

8) $\frac{9}{10} + \frac{9}{10} =$

9) $\frac{3}{6} - \frac{1}{6} =$

10) $\frac{1}{2} + \frac{1}{2} =$

11) $\frac{7}{8} - \frac{7}{8} =$

12) $\frac{3}{4} + \frac{2}{4} =$

13) $\frac{9}{10} - \frac{7}{10} =$

14) $\frac{3}{10} + \frac{6}{10} =$

15) $\frac{2}{3} - \frac{1}{3} =$

16) $\frac{4}{12} + \frac{9}{12} =$

17) $\frac{5}{6} - \frac{1}{6} =$

18) $\frac{2}{6} + \frac{1}{6} =$

19) $\frac{1}{2} - \frac{1}{2} =$

20) $\frac{7}{8} + \frac{7}{8} =$

Ex)

1. $^0/_5$
2. ______
3. ______
4. ______
5. ______
6. ______
7. ______
8. ______
9. ______
10. ______
11. ______
12. ______
13. ______
14. ______
15. ______
16. ______
17. ______
18. ______
19. ______
20. ______

1) $\frac{6}{10} - \frac{4}{10} =$

2) $\frac{7}{8} + \frac{2}{8} =$

3) $\frac{2}{5} - \frac{1}{5} =$

4) $\frac{2}{5} + \frac{2}{5} =$

5) $\frac{4}{5} - \frac{1}{5} =$

6) $\frac{3}{12} + \frac{8}{12} =$

7) $\frac{5}{12} - \frac{3}{12} =$

8) $\frac{1}{5} + \frac{1}{5} =$

9) $\frac{4}{8} - \frac{2}{8} =$

10) $\frac{2}{6} + \frac{4}{6} =$

11) $\frac{5}{10} - \frac{1}{10} =$

12) $\frac{5}{10} + \frac{1}{10} =$

13) $\frac{3}{5} - \frac{2}{5} =$

14) $\frac{2}{6} + \frac{3}{6} =$

15) $\frac{8}{12} - \frac{6}{12} =$

16) $\frac{1}{3} + \frac{2}{3} =$

17) $\frac{9}{10} - \frac{4}{10} =$

18) $\frac{2}{5} + \frac{1}{5} =$

19) $\frac{3}{4} - \frac{1}{4} =$

20) $\frac{5}{12} + \frac{8}{12} =$

1. ______________
2. ______________
3. ______________
4. ______________
5. ______________
6. ______________
7. ______________
8. ______________
9. ______________
10. ______________
11. ______________
12. ______________
13. ______________
14. ______________
15. ______________
16. ______________
17. ______________
18. ______________
19. ______________
20. ______________

1) $\frac{1}{2} - \frac{1}{2} =$

2) $\frac{1}{2} + \frac{1}{2} =$

3) $\frac{7}{10} - \frac{2}{10} =$

4) $\frac{5}{12} + \frac{3}{12} =$

5) $\frac{5}{6} - \frac{4}{6} =$

6) $\frac{2}{3} + \frac{1}{3} =$

7) $\frac{2}{3} - \frac{1}{3} =$

8) $\frac{3}{4} + \frac{1}{4} =$

9) $\frac{6}{8} - \frac{4}{8} =$

10) $\frac{1}{10} + \frac{8}{10} =$

11) $\frac{5}{6} - \frac{1}{6} =$

12) $\frac{9}{12} + \frac{8}{12} =$

13) $\frac{6}{10} - \frac{5}{10} =$

14) $\frac{3}{4} + \frac{3}{4} =$

15) $\frac{4}{5} - \frac{3}{5} =$

16) $\frac{4}{12} + \frac{11}{12} =$

17) $\frac{2}{4} - \frac{2}{4} =$

18) $\frac{4}{12} + \frac{8}{12} =$

19) $\frac{5}{8} - \frac{2}{8} =$

20) $\frac{2}{5} + \frac{4}{5} =$

1. ____________
2. ____________
3. ____________
4. ____________
5. ____________
6. ____________
7. ____________
8. ____________
9. ____________
10. ____________
11. ____________
12. ____________
13. ____________
14. ____________
15. ____________
16. ____________
17. ____________
18. ____________
19. ____________
20. ____________

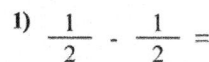

1) $\frac{9}{10} - \frac{5}{10} =$

2) $\frac{2}{12} + \frac{2}{12} =$

3) $\frac{5}{8} - \frac{5}{8} =$

4) $\frac{1}{5} + \frac{1}{5} =$

5) $\frac{4}{10} - \frac{3}{10} =$

6) $\frac{3}{4} + \frac{1}{4} =$

7) $\frac{4}{5} - \frac{1}{5} =$

8) $\frac{4}{6} + \frac{3}{6} =$

9) $\frac{1}{2} - \frac{1}{2} =$

10) $\frac{3}{5} + \frac{2}{5} =$

11) $\frac{5}{6} - \frac{1}{6} =$

12) $\frac{4}{5} + \frac{4}{5} =$

13) $\frac{7}{10} - \frac{2}{10} =$

14) $\frac{3}{8} + \frac{7}{8} =$

15) $\frac{10}{12} - \frac{4}{12} =$

16) $\frac{3}{6} + \frac{4}{6} =$

17) $\frac{3}{5} - \frac{1}{5} =$

18) $\frac{6}{10} + \frac{5}{10} =$

19) $\frac{11}{12} - \frac{2}{12} =$

20) $\frac{1}{4} + \frac{3}{4} =$

1. ________
2. ________
3. ________
4. ________
5. ________
6. ________
7. ________
8. ________
9. ________
10. ________
11. ________
12. ________
13. ________
14. ________
15. ________
16. ________
17. ________
18. ________
19. ________
20. ________

1) $\frac{5}{6} - \frac{4}{6} =$

2) $\frac{7}{12} + \frac{3}{12} =$

3) $\frac{4}{6} - \frac{2}{6} =$

4) $\frac{9}{10} + \frac{8}{10} =$

5) $\frac{3}{4} - \frac{1}{4} =$

6) $\frac{6}{8} + \frac{6}{8} =$

7) $\frac{3}{4} - \frac{2}{4} =$

8) $\frac{1}{6} + \frac{5}{6} =$

9) $\frac{7}{12} - \frac{5}{12} =$

10) $\frac{1}{2} + \frac{1}{2} =$

11) $\frac{4}{10} - \frac{1}{10} =$

12) $\frac{7}{10} + \frac{7}{10} =$

13) $\frac{2}{3} - \frac{1}{3} =$

14) $\frac{4}{5} + \frac{4}{5} =$

15) $\frac{11}{12} - \frac{9}{12} =$

16) $\frac{1}{8} + \frac{7}{8} =$

17) $\frac{4}{5} - \frac{3}{5} =$

18) $\frac{1}{10} + \frac{3}{10} =$

19) $\frac{6}{8} - \frac{4}{8} =$

20) $\frac{3}{4} + \frac{1}{4} =$

1. ______
2. ______
3. ______
4. ______
5. ______
6. ______
7. ______
8. ______
9. ______
10. ______
11. ______
12. ______
13. ______
14. ______
15. ______
16. ______
17. ______
18. ______
19. ______
20. ______

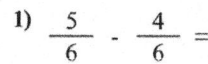

1) $\frac{4}{6} - \frac{4}{6} =$

2) $\frac{10}{12} + \frac{10}{12} =$

3) $\frac{2}{4} - \frac{1}{4} =$

4) $\frac{8}{12} + \frac{8}{12} =$

5) $\frac{1}{2} - \frac{1}{2} =$

6) $\frac{1}{3} + \frac{1}{3} =$

7) $\frac{4}{5} - \frac{3}{5} =$

8) $\frac{4}{5} + \frac{4}{5} =$

9) $\frac{11}{12} - \frac{11}{12} =$

10) $\frac{5}{8} + \frac{2}{8} =$

11) $\frac{3}{5} - \frac{1}{5} =$

12) $\frac{5}{10} + \frac{4}{10} =$

13) $\frac{4}{5} - \frac{2}{5} =$

14) $\frac{1}{4} + \frac{3}{4} =$

15) $\frac{5}{10} - \frac{1}{10} =$

16) $\frac{2}{5} + \frac{4}{5} =$

17) $\frac{2}{3} - \frac{2}{3} =$

18) $\frac{4}{10} + \frac{7}{10} =$

19) $\frac{5}{10} - \frac{3}{10} =$

20) $\frac{7}{10} + \frac{9}{10} =$

1. ________
2. ________
3. ________
4. ________
5. ________
6. ________
7. ________
8. ________
9. ________
10. ________
11. ________
12. ________
13. ________
14. ________
15. ________
16. ________
17. ________
18. ________
19. ________
20. ________

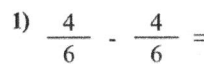

1) $\frac{9}{10} - \frac{2}{10} =$

2) $\frac{1}{2} + \frac{1}{2} =$

3) $\frac{1}{2} - \frac{1}{2} =$

4) $\frac{5}{6} + \frac{1}{6} =$

5) $\frac{2}{12} - \frac{1}{12} =$

6) $\frac{1}{4} + \frac{2}{4} =$

7) $\frac{8}{10} - \frac{1}{10} =$

8) $\frac{2}{4} + \frac{1}{4} =$

9) $\frac{3}{4} - \frac{2}{4} =$

10) $\frac{2}{6} + \frac{4}{6} =$

11) $\frac{5}{8} - \frac{4}{8} =$

12) $\frac{7}{12} + \frac{1}{12} =$

13) $\frac{5}{6} - \frac{1}{6} =$

14) $\frac{5}{10} + \frac{5}{10} =$

15) $\frac{6}{8} - \frac{3}{8} =$

16) $\frac{3}{5} + \frac{4}{5} =$

17) $\frac{4}{12} - \frac{3}{12} =$

18) $\frac{4}{5} + \frac{2}{5} =$

19) $\frac{2}{4} - \frac{2}{4} =$

20) $\frac{2}{8} + \frac{3}{8} =$

1. ____________
2. ____________
3. ____________
4. ____________
5. ____________
6. ____________
7. ____________
8. ____________
9. ____________
10. ____________
11. ____________
12. ____________
13. ____________
14. ____________
15. ____________
16. ____________
17. ____________
18. ____________
19. ____________
20. ____________

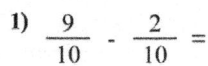

1) $\frac{5}{10} - \frac{2}{10} =$

2) $\frac{4}{8} + \frac{6}{8} =$

3) $\frac{1}{3} - \frac{1}{3} =$

4) $\frac{4}{8} + \frac{1}{8} =$

5) $\frac{2}{3} - \frac{1}{3} =$

6) $\frac{2}{6} + \frac{5}{6} =$

7) $\frac{11}{12} - \frac{1}{12} =$

8) $\frac{2}{3} + \frac{1}{3} =$

9) $\frac{2}{5} - \frac{2}{5} =$

10) $\frac{10}{12} + \frac{7}{12} =$

11) $\frac{7}{8} - \frac{4}{8} =$

12) $\frac{1}{2} + \frac{1}{2} =$

13) $\frac{7}{8} - \frac{5}{8} =$

14) $\frac{11}{12} + \frac{9}{12} =$

15) $\frac{9}{12} - \frac{2}{12} =$

16) $\frac{2}{6} + \frac{2}{6} =$

17) $\frac{7}{12} - \frac{1}{12} =$

18) $\frac{9}{10} + \frac{1}{10} =$

19) $\frac{4}{5} - \frac{2}{5} =$

20) $\frac{4}{8} + \frac{2}{8} =$

1. ______________
2. ______________
3. ______________
4. ______________
5. ______________
6. ______________
7. ______________
8. ______________
9. ______________
10. ______________
11. ______________
12. ______________
13. ______________
14. ______________
15. ______________
16. ______________
17. ______________
18. ______________
19. ______________
20. ______________

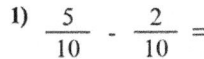

1) $\frac{4}{6} - \frac{4}{6} =$

2) $\frac{5}{6} + \frac{5}{6} =$

3) $\frac{1}{2} - \frac{1}{2} =$

4) $\frac{2}{8} + \frac{6}{8} =$

5) $\frac{8}{10} - \frac{6}{10} =$

6) $\frac{1}{3} + \frac{1}{3} =$

7) $\frac{4}{10} - \frac{3}{10} =$

8) $\frac{7}{12} + \frac{7}{12} =$

9) $\frac{3}{12} - \frac{3}{12} =$

10) $\frac{3}{6} + \frac{3}{6} =$

11) $\frac{3}{5} - \frac{1}{5} =$

12) $\frac{6}{10} + \frac{1}{10} =$

13) $\frac{3}{5} - \frac{2}{5} =$

14) $\frac{2}{5} + \frac{3}{5} =$

15) $\frac{8}{10} - \frac{4}{10} =$

16) $\frac{2}{4} + \frac{2}{4} =$

17) $\frac{5}{8} - \frac{2}{8} =$

18) $\frac{4}{12} + \frac{10}{12} =$

19) $\frac{2}{6} - \frac{2}{6} =$

20) $\frac{4}{8} + \frac{1}{8} =$

1. ____________
2. ____________
3. ____________
4. ____________
5. ____________
6. ____________
7. ____________
8. ____________
9. ____________
10. ____________
11. ____________
12. ____________
13. ____________
14. ____________
15. ____________
16. ____________
17. ____________
18. ____________
19. ____________
20. ____________

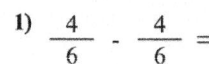

1) $\frac{3}{4} - \frac{2}{4} =$

2) $\frac{7}{8} + \frac{6}{8} =$

3) $\frac{4}{5} - \frac{3}{5} =$

4) $\frac{4}{5} + \frac{4}{5} =$

5) $\frac{1}{4} - \frac{1}{4} =$

6) $\frac{1}{10} + \frac{9}{10} =$

7) $\frac{3}{5} - \frac{1}{5} =$

8) $\frac{5}{6} + \frac{2}{6} =$

9) $\frac{6}{12} - \frac{5}{12} =$

10) $\frac{3}{4} + \frac{2}{4} =$

11) $\frac{10}{12} - \frac{6}{12} =$

12) $\frac{1}{3} + \frac{1}{3} =$

13) $\frac{5}{8} - \frac{2}{8} =$

14) $\frac{3}{12} + \frac{1}{12} =$

15) $\frac{4}{6} - \frac{1}{6} =$

16) $\frac{6}{10} + \frac{6}{10} =$

17) $\frac{8}{12} - \frac{3}{12} =$

18) $\frac{5}{6} + \frac{1}{6} =$

19) $\frac{2}{5} - \frac{2}{5} =$

20) $\frac{1}{3} + \frac{2}{3} =$

1. ________________
2. ________________
3. ________________
4. ________________
5. ________________
6. ________________
7. ________________
8. ________________
9. ________________
10. ________________
11. ________________
12. ________________
13. ________________
14. ________________
15. ________________
16. ________________
17. ________________
18. ________________
19. ________________
20. ________________

FRACTION MULTIPLING DI NUMERI INTERNI. IL PRIMO È FATTO PER TE.

Ex) $\frac{2}{6} \times 2 = \frac{4}{6}$

1) $\frac{2}{8} \times 3 =$

2) $9 \times \frac{1}{4} =$

3) $\frac{4}{12} \times 7 =$

4) $\frac{4}{6} \times 9 =$

5) $\frac{4}{12} \times 10 =$

6) $5 \times \frac{1}{4} =$

7) $8 \times \frac{2}{3} =$

8) $7 \times \frac{9}{12} =$

9) $\frac{10}{12} \times 7 =$

10) $8 \times \frac{1}{3} =$

11) $10 \times \frac{1}{3} =$

12) $\frac{4}{12} \times 6 =$

13) $7 \times \frac{4}{6} =$

14) $\frac{2}{8} \times 4 =$

15) $\frac{7}{8} \times 8 =$

16) $6 \times \frac{3}{4} =$

17) $3 \times \frac{1}{8} =$

Ex. $^4/_6$

1. ______
2. ______
3. ______
4. ______
5. ______
6. ______
7. ______
8. ______
9. ______
10. ______
11. ______
12. ______
13. ______
14. ______
15. ______
16. ______
17. ______

Ex) $9 \times \frac{4}{8} = 4\frac{4}{8}$	**1)** $6 \times \frac{8}{12} =$	**2)** $5 \times \frac{4}{8} =$
3) $8 \times \frac{1}{3} =$	**4)** $\frac{1}{5} \times 4 =$	**5)** $\frac{1}{3} \times 3 =$
6) $7 \times \frac{4}{5} =$	**7)** $3 \times \frac{2}{4} =$	**8)** $5 \times \frac{1}{10} =$
9) $\frac{7}{8} \times 9 =$	**10)** $\frac{1}{5} \times 9 =$	**11)** $4 \times \frac{5}{8} =$
12) $7 \times \frac{6}{10} =$	**13)** $7 \times \frac{1}{3} =$	**14)** $\frac{5}{6} \times 9 =$
15) $7 \times \frac{8}{10} =$	**16)** $6 \times \frac{3}{6} =$	**17)** $\frac{7}{12} \times 8 =$

Ex. $4\,^{4}/_{8}$

1. ____________
2. ____________
3. ____________
4. ____________
5. ____________
6. ____________
7. ____________
8. ____________
9. ____________
10. ____________
11. ____________
12. ____________
13. ____________
14. ____________
15. ____________
16. ____________
17. ____________

Ex) $2 \times \frac{2}{4} =$ 1

1) $\frac{1}{5} \times 9 =$

2) $7 \times \frac{1}{3} =$

3) $\frac{4}{12} \times 6 =$

4) $\frac{9}{10} \times 2 =$

5) $7 \times \frac{3}{5} =$

6) $\frac{5}{6} \times 9 =$

7) $\frac{1}{5} \times 3 =$

8) $5 \times \frac{2}{6} =$

9) $\frac{1}{4} \times 10 =$

10) $\frac{3}{6} \times 10 =$

11) $9 \times \frac{4}{10} =$

12) $2 \times \frac{4}{5} =$

13) $\frac{4}{6} \times 6 =$

14) $6 \times \frac{2}{5} =$

15) $4 \times \frac{3}{5} =$

16) $\frac{7}{12} \times 7 =$

17) $\frac{6}{10} \times 7 =$

Ex. 1

1. ______

2. ______

3. ______

4. ______

5. ______

6. ______

7. ______

8. ______

9. ______

10. ______

11. ______

12. ______

13. ______

14. ______

15. ______

16. ______

17. ______

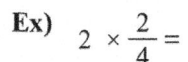

Ex) $\frac{2}{3} \times 10 = 6\frac{2}{3}$

1) $\frac{1}{5} \times 6 =$

2) $6 \times \frac{1}{3} =$

3) $9 \times \frac{2}{3} =$

4) $\frac{1}{8} \times 4 =$

5) $2 \times \frac{2}{3} =$

6) $8 \times \frac{7}{10} =$

7) $\frac{4}{5} \times 7 =$

8) $9 \times \frac{3}{5} =$

9) $8 \times \frac{3}{8} =$

10) $6 \times \frac{2}{8} =$

11) $4 \times \frac{1}{3} =$

12) $\frac{3}{5} \times 8 =$

13) $\frac{4}{5} \times 3 =$

14) $2 \times \frac{7}{8} =$

15) $\frac{7}{10} \times 5 =$

16) $9 \times \frac{1}{4} =$

17) $\frac{4}{8} \times 6 =$

Ex. $6\frac{2}{3}$

1. ____________
2. ____________
3. ____________
4. ____________
5. ____________
6. ____________
7. ____________
8. ____________
9. ____________
10. ____________
11. ____________
12. ____________
13. ____________
14. ____________
15. ____________
16. ____________
17. ____________

Ex) $\frac{3}{4} \times 3 = 2\frac{1}{4}$

1) $3 \times \frac{5}{6} =$

2) $6 \times \frac{3}{4} =$

3) $\frac{2}{3} \times 2 =$

4) $2 \times \frac{1}{4} =$

5) $\frac{4}{6} \times 4 =$

6) $4 \times \frac{5}{8} =$

7) $10 \times \frac{5}{6} =$

8) $\frac{2}{10} \times 2 =$

9) $\frac{1}{3} \times 3 =$

10) $\frac{2}{3} \times 10 =$

11) $3 \times \frac{1}{5} =$

12) $4 \times \frac{1}{5} =$

13) $\frac{7}{12} \times 10 =$

14) $5 \times \frac{1}{4} =$

15) $6 \times \frac{1}{3} =$

16) $2 \times \frac{3}{6} =$

17) $10 \times \frac{2}{8} =$

Ex. $2\frac{1}{4}$
1. ______
2. ______
3. ______
4. ______
5. ______
6. ______
7. ______
8. ______
9. ______
10. ______
11. ______
12. ______
13. ______
14. ______
15. ______
16. ______
17. ______

Ex) $\frac{2}{3} \times 8 = 5\frac{1}{3}$

1) $8 \times \frac{2}{5} =$

2) $5 \times \frac{3}{5} =$

3) $\frac{1}{10} \times 10 =$

4) $9 \times \frac{4}{10} =$

5) $5 \times \frac{2}{4} =$

6) $\frac{1}{5} \times 4 =$

7) $\frac{2}{3} \times 2 =$

8) $\frac{2}{5} \times 10 =$

9) $10 \times \frac{3}{6} =$

10) $8 \times \frac{1}{3} =$

11) $\frac{3}{5} \times 10 =$

12) $\frac{2}{3} \times 9 =$

13) $\frac{1}{3} \times 10 =$

14) $\frac{1}{5} \times 8 =$

15) $7 \times \frac{2}{6} =$

16) $6 \times \frac{1}{12} =$

17) $5 \times \frac{3}{4} =$

Ex. $5\frac{1}{3}$

1. ________

2. ________

3. ________

4. ________

5. ________

6. ________

7. ________

8. ________

9. ________

10. ________

11. ________

12. ________

13. ________

14. ________

15. ________

16. ________

17. ________

Ex) $\frac{11}{12} \times 8 = 7\frac{4}{12}$

1) $\frac{4}{5} \times 9 =$

2) $\frac{3}{5} \times 9 =$

3) $4 \times \frac{3}{12} =$

4) $\frac{5}{6} \times 8 =$

5) $\frac{1}{8} \times 6 =$

6) $3 \times \frac{8}{10} =$

7) $5 \times \frac{1}{8} =$

8) $\frac{2}{12} \times 7 =$

9) $\frac{4}{12} \times 4 =$

10) $9 \times \frac{4}{10} =$

11) $\frac{10}{12} \times 7 =$

12) $7 \times \frac{4}{6} =$

13) $\frac{3}{6} \times 8 =$

14) $6 \times \frac{2}{3} =$

15) $3 \times \frac{5}{8} =$

16) $4 \times \frac{4}{8} =$

17) $\frac{2}{5} \times 6 =$

Ex. $7\,^{4}/_{12}$

1. ______
2. ______
3. ______
4. ______
5. ______
6. ______
7. ______
8. ______
9. ______
10. ______
11. ______
12. ______
13. ______
14. ______
15. ______
16. ______
17. ______

Ex) $10 \times \frac{4}{8} =$ 5

1) $\frac{5}{10} \times 10 =$

2) $2 \times \frac{1}{3} =$

3) $\frac{9}{12} \times 6 =$

4) $\frac{6}{12} \times 9 =$

5) $6 \times \frac{2}{4} =$

6) $\frac{1}{4} \times 8 =$

7) $8 \times \frac{3}{12} =$

8) $\frac{5}{8} \times 5 =$

9) $\frac{2}{4} \times 5 =$

10) $6 \times \frac{2}{8} =$

11) $4 \times \frac{1}{6} =$

12) $4 \times \frac{2}{4} =$

13) $3 \times \frac{2}{10} =$

14) $\frac{8}{10} \times 4 =$

15) $\frac{5}{8} \times 4 =$

16) $\frac{7}{8} \times 4 =$

17) $3 \times \frac{5}{10} =$

Ex. 5

1. ____________
2. ____________
3. ____________
4. ____________
5. ____________
6. ____________
7. ____________
8. ____________
9. ____________
10. ____________
11. ____________
12. ____________
13. ____________
14. ____________
15. ____________
16. ____________
17. ____________

Ex) $\frac{4}{10} \times 7 = 2\frac{8}{10}$

1) $\frac{7}{10} \times 3 =$

2) $\frac{3}{6} \times 4 =$

3) $\frac{2}{8} \times 4 =$

4) $\frac{9}{10} \times 3 =$

5) $\frac{3}{4} \times 3 =$

6) $6 \times \frac{1}{3} =$

7) $6 \times \frac{8}{12} =$

8) $9 \times \frac{1}{3} =$

9) $\frac{9}{10} \times 4 =$

10) $7 \times \frac{2}{5} =$

11) $10 \times \frac{9}{10} =$

12) $\frac{3}{12} \times 9 =$

13) $6 \times \frac{1}{12} =$

14) $\frac{3}{4} \times 9 =$

15) $9 \times \frac{3}{8} =$

16) $\frac{4}{6} \times 6 =$

17) $7 \times \frac{4}{6} =$

Ex. $2\,{}^{8}/_{10}$

1. ________
2. ________
3. ________
4. ________
5. ________
6. ________
7. ________
8. ________
9. ________
10. ________
11. ________
12. ________
13. ________
14. ________
15. ________
16. ________
17. ________

Ex) $\frac{4}{6} \times 6 = 4$

1) $\frac{2}{6} \times 3 =$

2) $\frac{2}{4} \times 10 =$

3) $4 \times \frac{7}{10} =$

4) $5 \times \frac{5}{10} =$

5) $4 \times \frac{1}{4} =$

6) $\frac{5}{10} \times 3 =$

7) $\frac{1}{3} \times 3 =$

8) $6 \times \frac{2}{4} =$

9) $\frac{8}{12} \times 3 =$

10) $5 \times \frac{1}{3} =$

11) $9 \times \frac{6}{10} =$

12) $\frac{1}{4} \times 6 =$

13) $\frac{4}{6} \times 4 =$

14) $\frac{2}{5} \times 7 =$

15) $\frac{10}{12} \times 8 =$

16) $\frac{2}{6} \times 8 =$

17) $7 \times \frac{8}{10} =$

Ex. ___4___
1. ________
2. ________
3. ________
4. ________
5. ________
6. ________
7. ________
8. ________
9. ________
10. ________
11. ________
12. ________
13. ________
14. ________
15. ________
16. ________
17. ________

DIVISIONE

STIMA IL QUOZIENTE. SCRIVI LA LETTERA DELLA RISPOSTA CORRETTA. IL PRIMO È FATTO PER TE.

1) 476 ÷ 56 =
A. 4
B. 3
C. 7
D. 8

2) 142 ÷ 19 =
A. 4
B. 5
C. 2
D. 7

3) 363 ÷ 91 =
A. 9
B. 3
C. 8
D. 4

4) 348 ÷ 54 =
A. 5
B. 7
C. 9
D. 4

5) 152 ÷ 53 =
A. 3
B. 7
C. 5
D. 6

6) 149 ÷ 32 =
A. 8
B. 5
C. 2
D. 4

7) 451 ÷ 88 =
A. 7
B. 6
C. 5
D. 2

8) 271 ÷ 92 =
A. 9
B. 4
C. 2
D. 3

9) 809 ÷ 94 =
A. 7
B. 5
C. 4
D. 9

10) 319 ÷ 81 =
A. 2
B. 4
C. 3
D. 8

11) 482 ÷ 78 =
A. 2
B. 6
C. 7
D. 9

12) 398 ÷ 51 =
A. 7
B. 4
C. 8
D. 6

13) 121 ÷ 62 =
A. 2
B. 5
C. 3
D. 8

14) 418 ÷ 64 =
A. 7
B. 6
C. 5
D. 4

15) 418 ÷ 68 =
A. 6
B. 7
C. 9
D. 4

16) 81 ÷ 43 =
A. 2
B. 6
C. 3
D. 5

17) 559 ÷ 69 =
A. 9
B. 8
C. 4
D. 7

18) 282 ÷ 39 =
A. 5
B. 7
C. 2
D. 9

1. D
2. ______
3. ______
4. ______
5. ______
6. ______
7. ______
8. ______
9. ______
10. ______
11. ______
12. ______
13. ______
14. ______
15. ______
16. ______
17. ______
18. ______

1) 628 ÷ 69 =
A. 9
B. 8
C. 4
D. 3

2) 274 ÷ 31 =
A. 8
B. 9
C. 6
D. 7

3) 93 ÷ 32 =
A. 7
B. 3
C. 4
D. 5

4) 236 ÷ 28 =
A. 6
B. 8
C. 3
D. 4

5) 542 ÷ 87 =
A. 9
B. 3
C. 4
D. 6

6) 482 ÷ 64 =
A. 2
B. 5
C. 9
D. 8

7) 101 ÷ 54 =
A. 2
B. 8
C. 6
D. 9

8) 243 ÷ 39 =
A. 8
B. 6
C. 3
D. 4

9) 179 ÷ 91 =
A. 8
B. 2
C. 4
D. 5

10) 402 ÷ 76 =
A. 8
B. 5
C. 2
D. 6

11) 352 ÷ 52 =
A. 9
B. 5
C. 6
D. 7

12) 273 ÷ 91 =
A. 7
B. 5
C. 8
D. 3

13) 449 ÷ 48 =
A. 4
B. 7
C. 5
D. 9

14) 162 ÷ 24 =
A. 7
B. 4
C. 3
D. 8

15) 643 ÷ 84 =
A. 5
B. 8
C. 6
D. 7

16) 316 ÷ 79 =
A. 3
B. 6
C. 2
D. 4

17) 198 ÷ 48 =
A. 7
B. 8
C. 3
D. 4

18) 253 ÷ 54 =
A. 5
B. 2
C. 9
D. 4

1. ________
2. ________
3. ________
4. ________
5. ________
6. ________
7. ________
8. ________
9. ________
10. ________
11. ________
12. ________
13. ________
14. ________
15. ________
16. ________
17. ________
18. ________

1) 203 ÷ 38 =
A. 6
B. 3
C. 2
D. 5

2) 179 ÷ 58 =
A. 2
B. 3
C. 4
D. 8

3) 626 ÷ 86 =
A. 4
B. 2
C. 7
D. 9

4) 364 ÷ 59 =
A. 3
B. 8
C. 6
D. 4

5) 449 ÷ 53 =
A. 9
B. 6
C. 2
D. 8

6) 123 ÷ 22 =
A. 5
B. 2
C. 8
D. 6

7) 211 ÷ 29 =
A. 6
B. 5
C. 4
D. 7

8) 236 ÷ 39 =
A. 5
B. 6
C. 9
D. 8

9) 631 ÷ 66 =
A. 8
B. 6
C. 9
D. 2

10) 477 ÷ 78 =
A. 5
B. 7
C. 6
D. 2

11) 351 ÷ 51 =
A. 8
B. 5
C. 7
D. 4

12) 121 ÷ 59 =
A. 3
B. 9
C. 2
D. 8

13) 123 ÷ 41 =
A. 3
B. 8
C. 7
D. 5

14) 536 ÷ 92 =
A. 3
B. 6
C. 5
D. 8

15) 79 ÷ 22 =
A. 5
B. 4
C. 7
D. 6

16) 36 ÷ 22 =
A. 4
B. 5
C. 3
D. 2

17) 58 ÷ 19 =
A. 4
B. 3
C. 2
D. 7

18) 79 ÷ 43 =
A. 9
B. 8
C. 3
D. 2

1. ________
2. ________
3. ________
4. ________
5. ________
6. ________
7. ________
8. ________
9. ________
10. ________
11. ________
12. ________
13. ________
14. ________
15. ________
16. ________
17. ________
18. ________

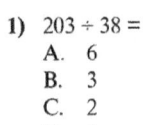

1) 58 ÷ 33 =
A. 6
B. 7
C. 2
D. 9

2) 149 ÷ 27 =
A. 2
B. 9
C. 8
D. 5

3) 483 ÷ 64 =
A. 5
B. 3
C. 4
D. 8

4) 182 ÷ 18 =
A. 3
B. 9
C. 6
D. 7

5) 488 ÷ 72 =
A. 8
B. 7
C. 2
D. 5

6) 351 ÷ 74 =
A. 5
B. 2
C. 8
D. 3

7) 269 ÷ 31 =
A. 9
B. 2
C. 4
D. 6

8) 544 ÷ 94 =
A. 6
B. 3
C. 7
D. 9

9) 352 ÷ 54 =
A. 9
B. 7
C. 3
D. 8

10) 358 ÷ 38 =
A. 9
B. 3
C. 8
D. 6

11) 161 ÷ 78 =
A. 6
B. 2
C. 5
D. 4

12) 202 ÷ 51 =
A. 4
B. 3
C. 5
D. 8

13) 361 ÷ 61 =
A. 7
B. 5
C. 9
D. 6

14) 484 ÷ 77 =
A. 6
B. 3
C. 2
D. 9

15) 812 ÷ 87 =
A. 4
B. 6
C. 9
D. 2

16) 717 ÷ 83 =
A. 7
B. 5
C. 9
D. 3

17) 81 ÷ 41 =
A. 6
B. 5
C. 3
D. 2

18) 176 ÷ 87 =
A. 2
B. 6
C. 5
D. 4

1. ________
2. ________
3. ________
4. ________
5. ________
6. ________
7. ________
8. ________
9. ________
10. ________
11. ________
12. ________
13. ________
14. ________
15. ________
16. ________
17. ________
18. ________

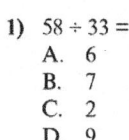

1) 183 ÷ 28 =
A. 3
B. 6
C. 8
D. 5

2) 87 ÷ 34 =
A. 4
B. 6
C. 2
D. 3

3) 251 ÷ 46 =
A. 6
B. 5
C. 4
D. 2

4) 238 ÷ 84 =
A. 9
B. 8
C. 6
D. 3

5) 638 ÷ 83 =
A. 8
B. 9
C. 2
D. 3

6) 359 ÷ 92 =
A. 4
B. 5
C. 9
D. 6

7) 63 ÷ 32 =
A. 9
B. 2
C. 7
D. 4

8) 809 ÷ 86 =
A. 9
B. 2
C. 6
D. 4

9) 538 ÷ 94 =
A. 6
B. 2
C. 5
D. 7

10) 118 ÷ 43 =
A. 6
B. 9
C. 3
D. 7

11) 124 ÷ 63 =
A. 7
B. 2
C. 4
D. 5

12) 182 ÷ 19 =
A. 8
B. 9
C. 7
D. 2

13) 299 ÷ 49 =
A. 6
B. 8
C. 9
D. 5

14) 634 ÷ 67 =
A. 9
B. 4
C. 6
D. 2

15) 269 ÷ 27 =
A. 3
B. 4
C. 9
D. 5

16) 482 ÷ 58 =
A. 2
B. 3
C. 7
D. 8

17) 199 ÷ 54 =
A. 4
B. 9
C. 8
D. 3

18) 357 ÷ 43 =
A. 6
B. 3
C. 8
D. 9

1. ________
2. ________
3. ________
4. ________
5. ________
6. ________
7. ________
8. ________
9. ________
10. ________
11. ________
12. ________
13. ________
14. ________
15. ________
16. ________
17. ________
18. ________

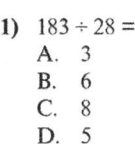

1) 723 ÷ 79 =
A. 3
B. 8
C. 9
D. 4

2) 324 ÷ 78 =
A. 4
B. 8
C. 2
D. 9

3) 103 ÷ 46 =
A. 8
B. 7
C. 2
D. 4

4) 123 ÷ 16 =
A. 8
B. 3
C. 2
D. 6

5) 57 ÷ 21 =
A. 9
B. 4
C. 3
D. 2

6) 628 ÷ 94 =
A. 4
B. 7
C. 6
D. 5

7) 246 ÷ 53 =
A. 5
B. 7
C. 8
D. 2

8) 266 ÷ 87 =
A. 7
B. 4
C. 5
D. 3

9) 318 ÷ 37 =
A. 5
B. 6
C. 4
D. 8

10) 118 ÷ 57 =
A. 3
B. 7
C. 6
D. 2

11) 722 ÷ 91 =
A. 2
B. 8
C. 4
D. 9

12) 564 ÷ 74 =
A. 2
B. 7
C. 8
D. 5

13) 86 ÷ 28 =
A. 2
B. 7
C. 3
D. 5

14) 239 ÷ 44 =
A. 4
B. 6
C. 7
D. 9

15) 492 ÷ 68 =
A. 7
B. 6
C. 9
D. 5

16) 304 ÷ 59 =
A. 4
B. 5
C. 3
D. 6

17) 39 ÷ 16 =
A. 2
B. 9
C. 4
D. 6

18) 153 ÷ 33 =
A. 2
B. 9
C. 4
D. 5

1. ________
2. ________
3. ________
4. ________
5. ________
6. ________
7. ________
8. ________
9. ________
10. ________
11. ________
12. ________
13. ________
14. ________
15. ________
16. ________
17. ________
18. ________

1) 179 ÷ 34 =
A. 2
B. 6
C. 9
D. 7

2) 37 ÷ 21 =
A. 2
B. 5
C. 8
D. 6

3) 417 ÷ 58 =
A. 7
B. 2
C. 4
D. 9

4) 301 ÷ 59 =
A. 5
B. 9
C. 4
D. 7

5) 104 ÷ 23 =
A. 3
B. 2
C. 5
D. 7

6) 183 ÷ 62 =
A. 7
B. 9
C. 3
D. 2

7) 718 ÷ 77 =
A. 6
B. 9
C. 7
D. 4

8) 241 ÷ 28 =
A. 5
B. 7
C. 8
D. 3

9) 161 ÷ 39 =
A. 6
B. 2
C. 8
D. 4

10) 117 ÷ 16 =
A. 6
B. 9
C. 5
D. 8

11) 318 ÷ 43 =
A. 8
B. 7
C. 3
D. 4

12) 363 ÷ 89 =
A. 8
B. 3
C. 6
D. 4

13) 347 ÷ 73 =
A. 5
B. 8
C. 7
D. 3

14) 357 ÷ 44 =
A. 8
B. 9
C. 5
D. 6

15) 242 ÷ 56 =
A. 3
B. 2
C. 4
D. 5

16) 561 ÷ 82 =
A. 9
B. 4
C. 7
D. 5

17) 239 ÷ 78 =
A. 3
B. 9
C. 5
D. 7

18) 478 ÷ 64 =
A. 3
B. 8
C. 7
D. 9

1. ________
2. ________
3. ________
4. ________
5. ________
6. ________
7. ________
8. ________
9. ________
10. ________
11. ________
12. ________
13. ________
14. ________
15. ________
16. ________
17. ________
18. ________

1) 177 ÷ 34 =
A. 2
B. 6
C. 8
D. 4

2) 562 ÷ 84 =
A. 5
B. 6
C. 7
D. 2

3) 244 ÷ 31 =
A. 7
B. 8
C. 4
D. 6

4) 349 ÷ 46 =
A. 3
B. 7
C. 5
D. 6

5) 204 ÷ 49 =
A. 4
B. 5
C. 8
D. 7

6) 143 ÷ 21 =
A. 7
B. 2
C. 9
D. 6

7) 103 ÷ 23 =
A. 4
B. 2
C. 5
D. 8

8) 419 ÷ 62 =
A. 7
B. 5
C. 8
D. 2

9) 557 ÷ 68 =
A. 7
B. 8
C. 4
D. 5

10) 273 ÷ 92 =
A. 6
B. 3
C. 2
D. 4

11) 397 ÷ 51 =
A. 8
B. 2
C. 9
D. 7

12) 641 ÷ 77 =
A. 3
B. 8
C. 4
D. 7

13) 298 ÷ 63 =
A. 7
B. 5
C. 3
D. 2

14) 723 ÷ 76 =
A. 5
B. 7
C. 8
D. 9

15) 84 ÷ 39 =
A. 6
B. 5
C. 9
D. 2

16) 214 ÷ 71 =
A. 2
B. 3
C. 9
D. 4

17) 317 ÷ 42 =
A. 4
B. 7
C. 8
D. 9

18) 118 ÷ 38 =
A. 3
B. 2
C. 4
D. 6

1. ______
2. ______
3. ______
4. ______
5. ______
6. ______
7. ______
8. ______
9. ______
10. ______
11. ______
12. ______
13. ______
14. ______
15. ______
16. ______
17. ______
18. ______

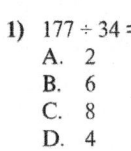

1) 267 ÷ 31 =
A. 9
B. 5
C. 7
D. 4

2) 246 ÷ 52 =
A. 5
B. 8
C. 9
D. 3

3) 281 ÷ 43 =
A. 3
B. 7
C. 8
D. 2

4) 103 ÷ 48 =
A. 6
B. 2
C. 8
D. 3

5) 162 ÷ 38 =
A. 7
B. 4
C. 9
D. 6

6) 449 ÷ 52 =
A. 4
B. 9
C. 8
D. 2

7) 119 ÷ 58 =
A. 2
B. 6
C. 5
D. 7

8) 136 ÷ 67 =
A. 5
B. 6
C. 8
D. 2

9) 147 ÷ 47 =
A. 2
B. 6
C. 4
D. 3

10) 142 ÷ 17 =
A. 2
B. 9
C. 6
D. 7

11) 177 ÷ 88 =
A. 3
B. 4
C. 2
D. 7

12) 359 ÷ 94 =
A. 4
B. 9
C. 7
D. 8

13) 87 ÷ 26 =
A. 9
B. 8
C. 3
D. 5

14) 164 ÷ 16 =
A. 8
B. 3
C. 6
D. 4

15) 239 ÷ 84 =
A. 5
B. 3
C. 7
D. 4

16) 182 ÷ 31 =
A. 4
B. 2
C. 6
D. 5

17) 177 ÷ 61 =
A. 7
B. 8
C. 4
D. 3

18) 203 ÷ 49 =
A. 8
B. 5
C. 9
D. 4

1. ______
2. ______
3. ______
4. ______
5. ______
6. ______
7. ______
8. ______
9. ______
10. ______
11. ______
12. ______
13. ______
14. ______
15. ______
16. ______
17. ______
18. ______

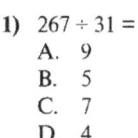

1) 201 ÷ 53 =
A. 6
B. 4
C. 5
D. 2

2) 318 ÷ 36 =
A. 7
B. 6
C. 8
D. 5

3) 149 ÷ 53 =
A. 8
B. 7
C. 5
D. 3

4) 59 ÷ 32 =
A. 4
B. 5
C. 7
D. 2

5) 317 ÷ 77 =
A. 2
B. 6
C. 5
D. 4

6) 142 ÷ 23 =
A. 6
B. 7
C. 9
D. 8

7) 179 ÷ 86 =
A. 4
B. 9
C. 2
D. 8

8) 398 ÷ 79 =
A. 7
B. 4
C. 3
D. 5

9) 239 ÷ 58 =
A. 3
B. 2
C. 7
D. 4

10) 143 ÷ 66 =
A. 4
B. 6
C. 2
D. 3

11) 723 ÷ 82 =
A. 9
B. 3
C. 2
D. 8

12) 41 ÷ 18 =
A. 7
B. 2
C. 3
D. 5

13) 118 ÷ 18 =
A. 6
B. 8
C. 3
D. 2

14) 183 ÷ 32 =
A. 9
B. 7
C. 6
D. 5

15) 446 ÷ 93 =
A. 6
B. 5
C. 4
D. 7

16) 61 ÷ 18 =
A. 6
B. 5
C. 7
D. 3

17) 476 ÷ 78 =
A. 3
B. 9
C. 6
D. 4

18) 283 ÷ 44 =
A. 6
B. 5
C. 8
D. 7

1. ______
2. ______
3. ______
4. ______
5. ______
6. ______
7. ______
8. ______
9. ______
10. ______
11. ______
12. ______
13. ______
14. ______
15. ______
16. ______
17. ______
18. ______

DIVIDENDO CON MULTIPOLI DI TEN. IL PRIMO È FATTO PER TE.

1) 400 ÷ 80 = 5

2) 14,003 ÷ 2,000 =________

3) 180 ÷ 30 =________

4) 243 ÷ 40 =________

5) 5,400 ÷ 600 =________

6) 3,200 ÷ 400 =________

7) 480 ÷ 60 =________

8) 6,302 ÷ 700 =________

9) 240 ÷ 60 =________

10) 4,200 ÷ 700 =________

11) 284 ÷ 40 =________

12) 1,806 ÷ 200 =________

13) 541 ÷ 90 =________

14) 3,500 ÷ 700 =________

15) 27,000 ÷ 9,000 =________

16) 1,501 ÷ 500 =________

17) 45,002 ÷ 9,000 =________

18) 8,001 ÷ 8,000 =________

1) 28,000 ÷ 7,000 =________

2) 6,000 ÷ 2,000 =________

3) 351 ÷ 70 =________

4) 30,004 ÷ 6,000 =________

5) 720 ÷ 80 =________

6) 5,601 ÷ 800 =________

7) 3,004 ÷ 500 =________

8) 3,500 ÷ 700 =________

9) 726 ÷ 90 =________

10) 27,000 ÷ 3,000 =________

11) 61 ÷ 30 =________

12) 4,000 ÷ 500 =________

13) 282 ÷ 40 =________

14) 56,000 ÷ 7,000 =________

15) 2,802 ÷ 700 =________

16) 150 ÷ 50 =________

17) 200 ÷ 40 =________

18) 901 ÷ 900 =________

1) 121 ÷ 60 =________

2) 40,002 ÷ 8,000 =________

3) 270 ÷ 30 =________

4) 500 ÷ 500 =________

5) 45,000 ÷ 5,000 =________

6) 35,003 ÷ 5,000 =________

7) 101 ÷ 50 =________

8) 3,603 ÷ 900 =________

9) 151 ÷ 30 =________

10) 15,000 ÷ 5,000 =________

11) 407 ÷ 50 =________

12) 12,001 ÷ 6,000 =________

13) 2,104 ÷ 300 =________

14) 3,500 ÷ 700 =________

15) 42,000 ÷ 7,000 =________

16) 1,404 ÷ 200 =________

17) 160 ÷ 80 =________

18) 50 ÷ 50 =________

1) 360 ÷ 40 =_______

2) 630 ÷ 90 =_______

3) 725 ÷ 90 =_______

4) 14,002 ÷ 2,000 =_______

5) 7,000 ÷ 7,000 =_______

6) 212 ÷ 70 =_______

7) 48,003 ÷ 8,000 =_______

8) 3,602 ÷ 900 =_______

9) 3,201 ÷ 400 =_______

10) 1,800 ÷ 900 =_______

11) 10,000 ÷ 2,000 =_______

12) 72,000 ÷ 9,000 =_______

13) 4,806 ÷ 600 =_______

14) 3,000 ÷ 500 =_______

15) 212 ÷ 70 =_______

16) 36,001 ÷ 9,000 =_______

17) 14,001 ÷ 7,000 =_______

18) 1,400 ÷ 200 =_______

1) 150 ÷ 30 =________

2) 401 ÷ 400 =________

3) 270 ÷ 30 =________

4) 4,000 ÷ 500 =________

5) 1,800 ÷ 300 =________

6) 2,400 ÷ 400 =________

7) 24,000 ÷ 8,000 =________

8) 40,004 ÷ 5,000 =________

9) 4,500 ÷ 900 =________

10) 36,002 ÷ 9,000 =________

11) 24,005 ÷ 4,000 =________

12) 120 ÷ 60 =________

13) 631 ÷ 90 =________

14) 458 ÷ 50 =________

15) 5,400 ÷ 600 =________

16) 35,002 ÷ 5,000 =________

17) 724 ÷ 90 =________

18) 31 ÷ 30 =________

1) 100 ÷ 50 =________

2) 352 ÷ 70 =________

3) 18,000 ÷ 9,000 =________

4) 542 ÷ 60 =________

5) 2,401 ÷ 300 =________

6) 4,001 ÷ 4,000 =________

7) 5,604 ÷ 700 =________

8) 2,400 ÷ 300 =________

9) 40,004 ÷ 5,000 =________

10) 32,001 ÷ 8,000 =________

11) 14,001 ÷ 7,000 =________

12) 60 ÷ 30 =________

13) 5,600 ÷ 800 =________

14) 54,000 ÷ 9,000 =________

15) 484 ÷ 60 =________

16) 501 ÷ 500 =________

17) 150 ÷ 50 =________

18) 2,400 ÷ 600 =________

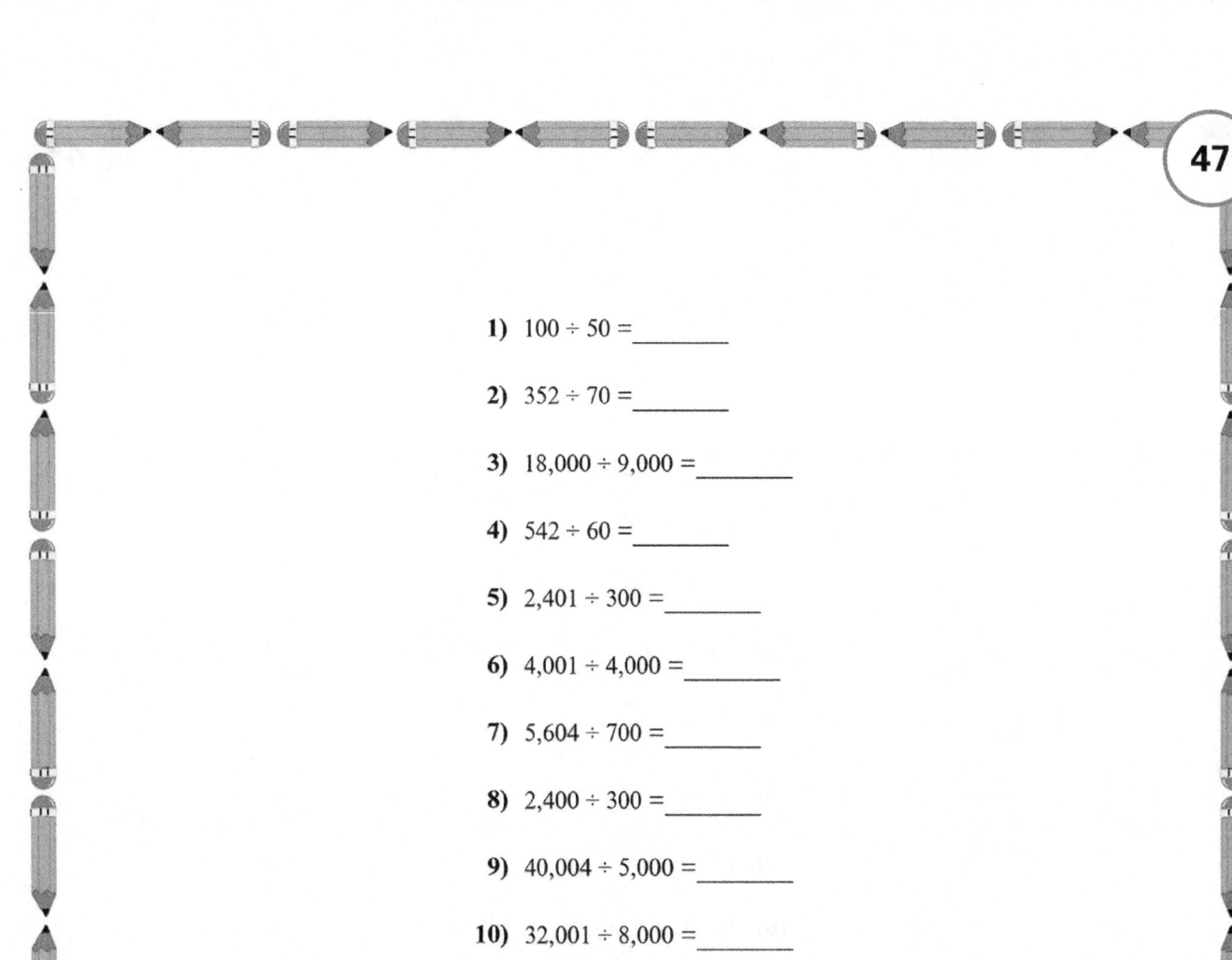

1) 56,001 ÷ 7,000 =_______

2) 1,500 ÷ 500 =_______

3) 30,003 ÷ 5,000 =_______

4) 1,808 ÷ 200 =_______

5) 40 ÷ 40 =_______

6) 141 ÷ 70 =_______

7) 120 ÷ 60 =_______

8) 35,003 ÷ 7,000 =_______

9) 3,502 ÷ 700 =_______

10) 210 ÷ 70 =_______

11) 2,400 ÷ 400 =_______

12) 21,000 ÷ 3,000 =_______

13) 322 ÷ 80 =_______

14) 4,000 ÷ 500 =_______

15) 2,700 ÷ 300 =_______

16) 27,001 ÷ 9,000 =_______

17) 36,002 ÷ 9,000 =_______

18) 304 ÷ 60 =_______

1) 180 ÷ 90 =________

2) 16,000 ÷ 2,000 =________

3) 3,005 ÷ 500 =________

4) 360 ÷ 40 =________

5) 42,005 ÷ 7,000 =________

6) 27,000 ÷ 9,000 =________

7) 2,800 ÷ 700 =________

8) 71 ÷ 70 =________

9) 601 ÷ 300 =________

10) 562 ÷ 80 =________

11) 1,800 ÷ 900 =________

12) 27,006 ÷ 3,000 =________

13) 12,000 ÷ 6,000 =________

14) 21,001 ÷ 7,000 =________

15) 701 ÷ 700 =________

16) 240 ÷ 40 =________

17) 900 ÷ 900 =________

18) 1,001 ÷ 200 =________

1) 560 ÷ 80 =_______

2) 32,000 ÷ 8,000 =_______

3) 7,001 ÷ 7,000 =_______

4) 3,203 ÷ 400 =_______

5) 2,700 ÷ 300 =_______

6) 2,403 ÷ 600 =_______

7) 14,000 ÷ 2,000 =_______

8) 2,000 ÷ 2,000 =_______

9) 2,003 ÷ 400 =_______

10) 484 ÷ 80 =_______

11) 150 ÷ 30 =_______

12) 7,205 ÷ 900 =_______

13) 8,001 ÷ 8,000 =_______

14) 42,000 ÷ 6,000 =_______

15) 3,000 ÷ 600 =_______

16) 321 ÷ 80 =_______

17) 82 ÷ 20 =_______

18) 6,300 ÷ 700 =_______

1) 2,400 ÷ 300 =________

2) 60 ÷ 60 =________

3) 480 ÷ 80 =________

4) 80 ÷ 80 =________

5) 3,001 ÷ 500 =________

6) 24,000 ÷ 8,000 =________

7) 36,002 ÷ 9,000 =________

8) 3,603 ÷ 400 =________

9) 452 ÷ 90 =________

10) 800 ÷ 400 =________

11) 501 ÷ 500 =________

12) 4,502 ÷ 900 =________

13) 15,002 ÷ 5,000 =________

14) 247 ÷ 30 =________

15) 48,002 ÷ 8,000 =________

16) 2,000 ÷ 2,000 =________

17) 54,003 ÷ 9,000 =________

18) 2,000 ÷ 400 =________

DIVIDARE TUTTI I NUMERI.
IL PRIMO È FATTO PER TE.

1)
```
     160 r3
6 | 9 6 3
    6
    3 6
    3 6
      0 3
        0
        3
```

2) 9 | 9 3 7

3) 4 | 8 9 3

4) 9 | 2 2 0

5) 2 | 2 0 7

6) 9 | 3 4 4

7) 7 | 6 5 7

8) 5 | 5 4 2

9) 7 | 5 6 2

10) 2 | 1 2 1

11) 2 | 6 5 7

12) 6 | 6 2 5

1. 160 r3
2. ____________
3. ____________
4. ____________
5. ____________
6. ____________
7. ____________
8. ____________
9. ____________
10. ____________
11. ____________
12. ____________

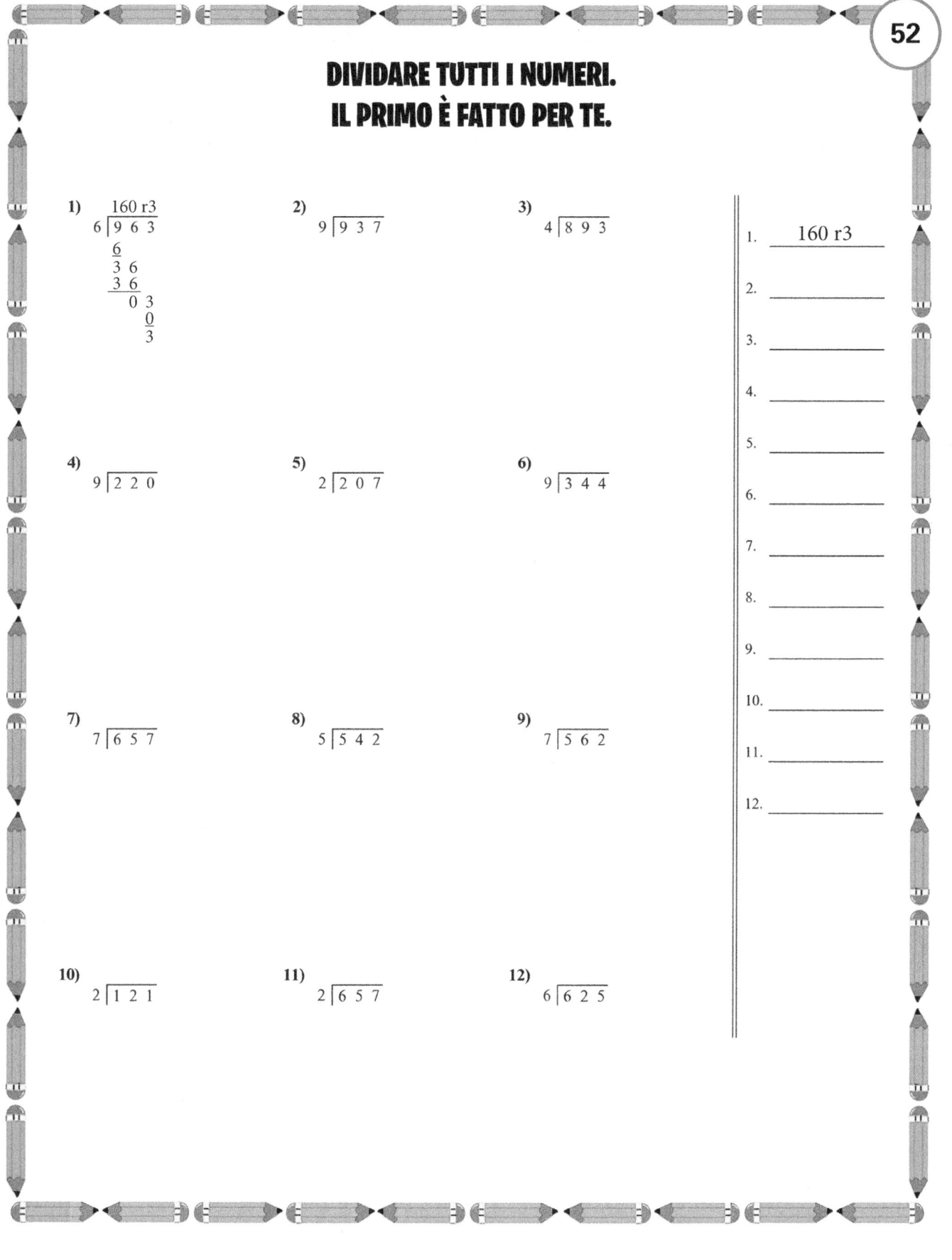

1) $2\overline{)2\ 1\ 3}$

2) $4\overline{)7\ 3\ 8}$

3) $8\overline{)2\ 9\ 4}$

4) $4\overline{)4\ 8\ 3}$

5) $5\overline{)3\ 7\ 4}$

6) $9\overline{)5\ 4\ 7}$

7) $8\overline{)1\ 2\ 1}$

8) $7\overline{)2\ 7\ 1}$

9) $9\overline{)5\ 2\ 1}$

10) $5\overline{)5\ 1\ 7}$

11) $2\overline{)6\ 2\ 1}$

12) $2\overline{)9\ 5\ 3}$

1. ____________
2. ____________
3. ____________
4. ____________
5. ____________
6. ____________
7. ____________
8. ____________
9. ____________
10. ____________
11. ____________
12. ____________

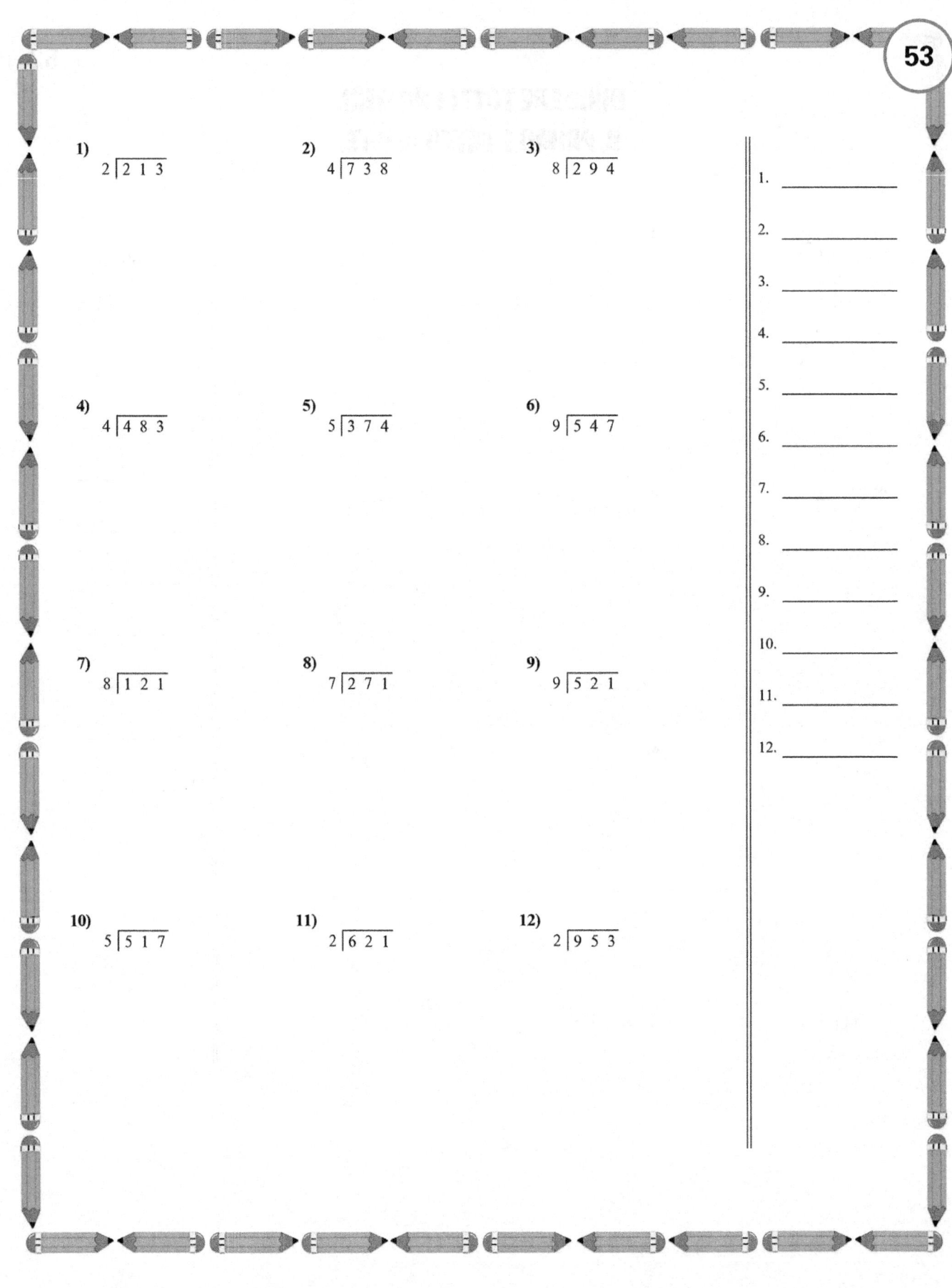

1) 3 | 5 9 2

2) 4 | 1 0 9

3) 9 | 5 3 7

4) 7 | 4 7 1

5) 3 | 2 2 6

6) 9 | 5 6 1

7) 2 | 9 6 9

8) 9 | 9 6 9

9) 2 | 1 6 1

10) 2 | 5 9 3

11) 9 | 7 9 3

12) 3 | 1 7 2

1. ______________
2. ______________
3. ______________
4. ______________
5. ______________
6. ______________
7. ______________
8. ______________
9. ______________
10. ______________
11. ______________
12. ______________

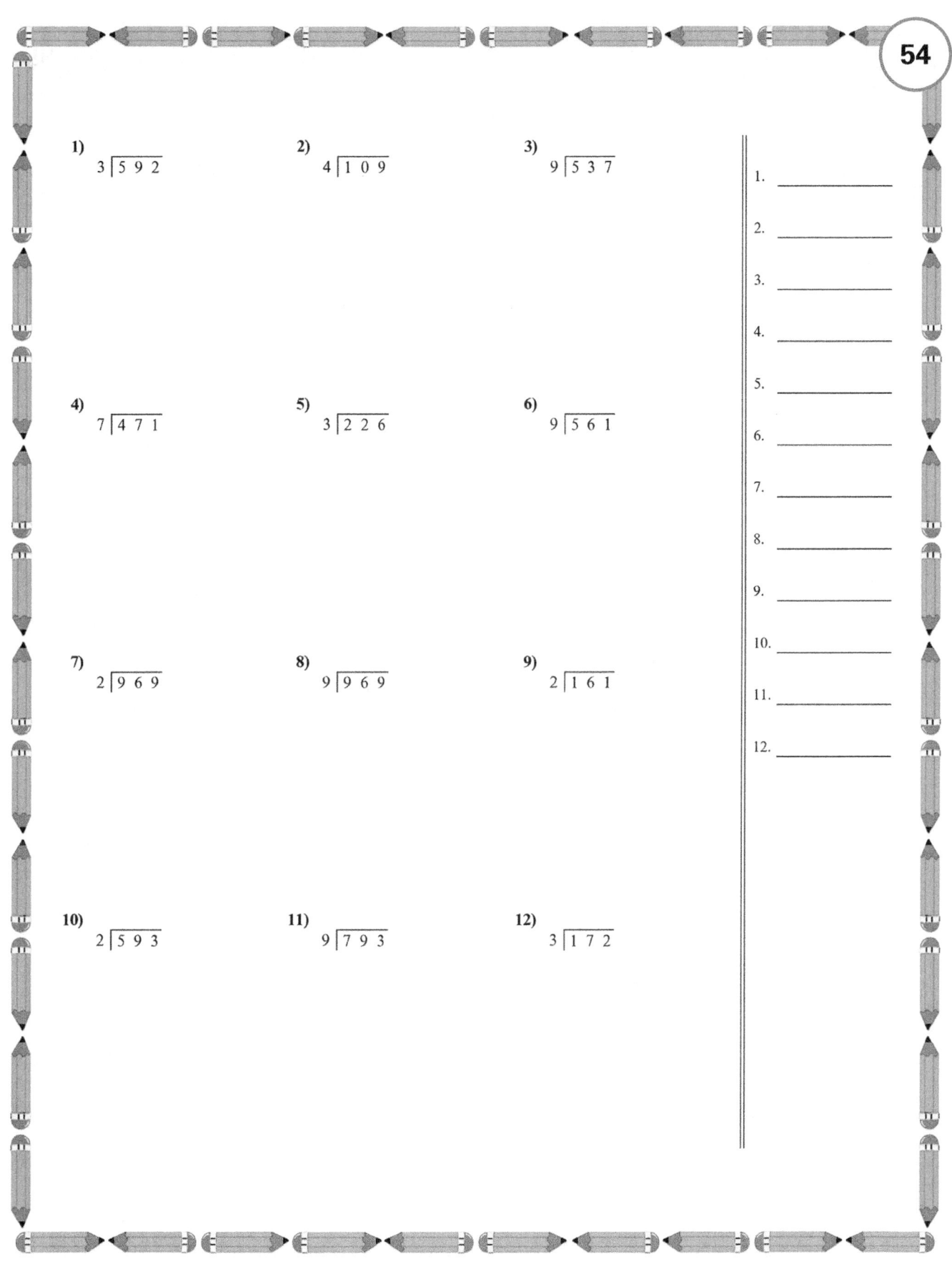

1) $9\overline{)143}$

2) $5\overline{)189}$

3) $8\overline{)105}$

4) $5\overline{)749}$

5) $6\overline{)191}$

6) $2\overline{)875}$

7) $2\overline{)857}$

8) $6\overline{)322}$

9) $2\overline{)769}$

10) $2\overline{)549}$

11) $9\overline{)439}$

12) $8\overline{)815}$

1. ____________

2. ____________

3. ____________

4. ____________

5. ____________

6. ____________

7. ____________

8. ____________

9. ____________

10. ____________

11. ____________

12. ____________

1) $5\overline{)376}$

2) $7\overline{)393}$

3) $7\overline{)142}$

4) $6\overline{)157}$

5) $2\overline{)219}$

6) $6\overline{)689}$

7) $5\overline{)662}$

8) $5\overline{)312}$

9) $9\overline{)201}$

10) $4\overline{)311}$

11) $5\overline{)746}$

12) $5\overline{)492}$

1. ____________
2. ____________
3. ____________
4. ____________
5. ____________
6. ____________
7. ____________
8. ____________
9. ____________
10. ____________
11. ____________
12. ____________

1) $9\overline{)946}$

2) $2\overline{)341}$

3) $4\overline{)270}$

4) $7\overline{)785}$

5) $4\overline{)109}$

6) $2\overline{)275}$

7) $9\overline{)143}$

8) $5\overline{)566}$

9) $6\overline{)392}$

10) $9\overline{)838}$

11) $5\overline{)756}$

12) $6\overline{)788}$

1. ____________
2. ____________
3. ____________
4. ____________
5. ____________
6. ____________
7. ____________
8. ____________
9. ____________
10. ____________
11. ____________
12. ____________

1) $8\overline{)342}$

2) $3\overline{)577}$

3) $9\overline{)946}$

4) $6\overline{)123}$

5) $8\overline{)961}$

6) $2\overline{)763}$

7) $5\overline{)539}$

8) $2\overline{)813}$

9) $7\overline{)643}$

10) $2\overline{)599}$

11) $6\overline{)385}$

12) $4\overline{)542}$

1. ____________
2. ____________
3. ____________
4. ____________
5. ____________
6. ____________
7. ____________
8. ____________
9. ____________
10. ____________
11. ____________
12. ____________

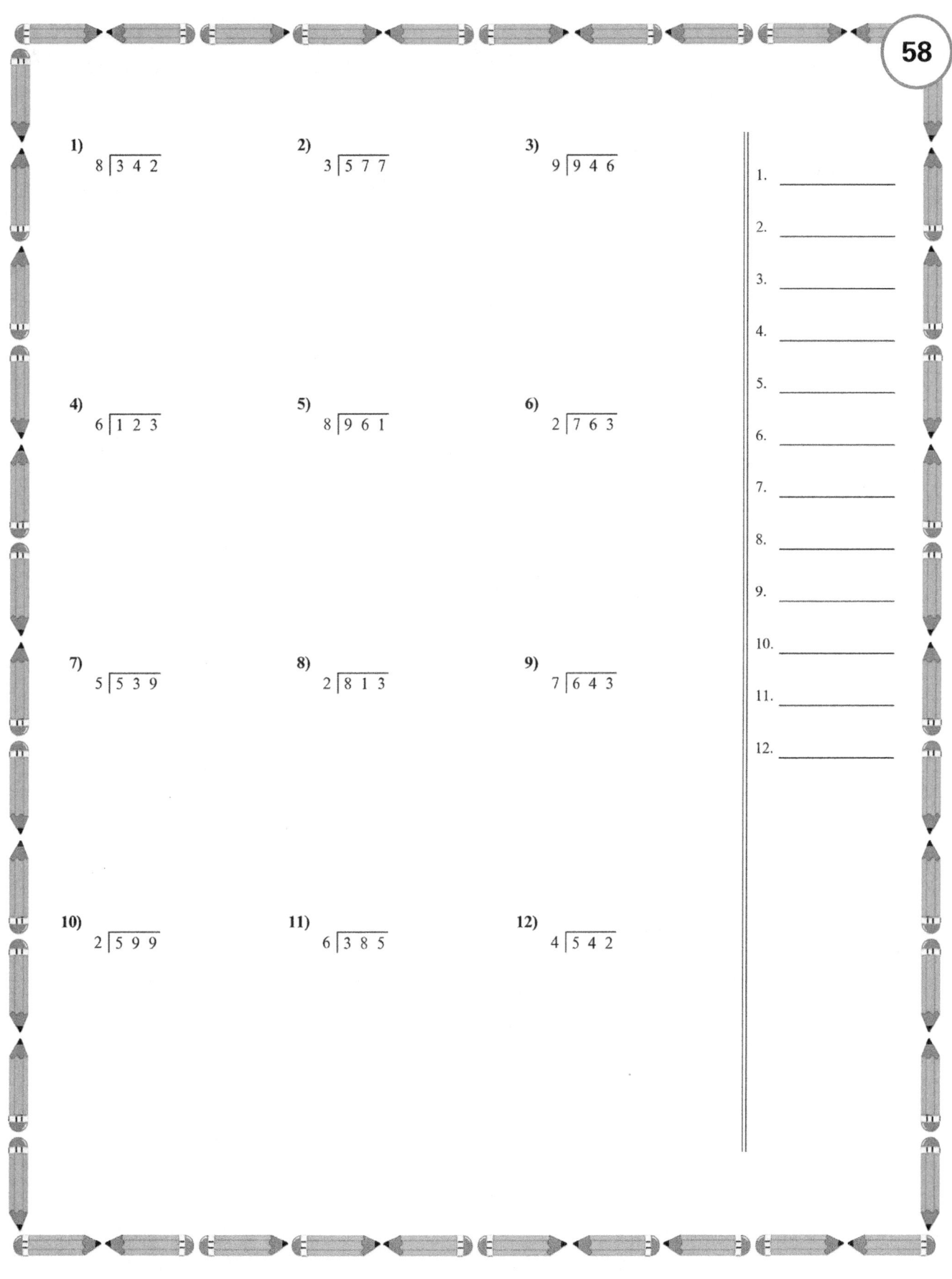

1) 2 ⟌ 1 0 1

2) 2 ⟌ 1 7 3

3) 7 ⟌ 3 7 6

4) 3 ⟌ 6 2 9

5) 7 ⟌ 1 0 1

6) 3 ⟌ 5 0 8

7) 5 ⟌ 9 7 8

8) 5 ⟌ 3 4 7

9) 6 ⟌ 2 6 0

10) 8 ⟌ 8 5 5

11) 8 ⟌ 9 4 3

12) 5 ⟌ 1 2 1

1. ______________
2. ______________
3. ______________
4. ______________
5. ______________
6. ______________
7. ______________
8. ______________
9. ______________
10. ______________
11. ______________
12. ______________

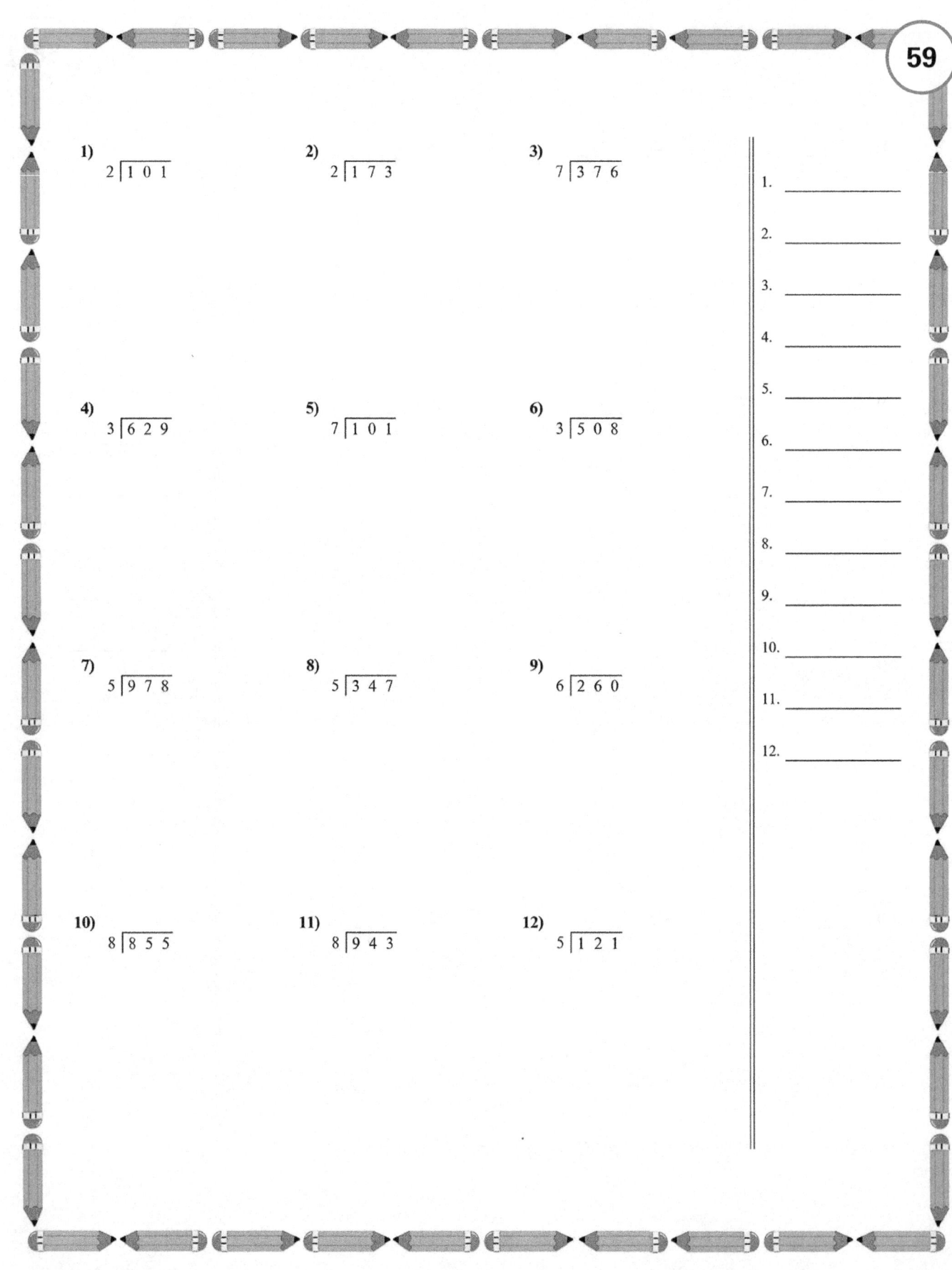

1) $5\overline{)417}$

2) $3\overline{)334}$

3) $2\overline{)277}$

4) $4\overline{)643}$

5) $5\overline{)143}$

6) $7\overline{)697}$

7) $5\overline{)752}$

8) $4\overline{)434}$

9) $2\overline{)939}$

10) $3\overline{)775}$

11) $9\overline{)283}$

12) $3\overline{)461}$

1. ____________
2. ____________
3. ____________
4. ____________
5. ____________
6. ____________
7. ____________
8. ____________
9. ____________
10. ____________
11. ____________
12. ____________

1) $3\overline{)731}$

2) $9\overline{)769}$

3) $8\overline{)860}$

4) $7\overline{)949}$

5) $8\overline{)733}$

6) $6\overline{)225}$

7) $7\overline{)949}$

8) $8\overline{)762}$

9) $6\overline{)176}$

10) $8\overline{)553}$

11) $9\overline{)673}$

12) $7\overline{)585}$

1. ____________
2. ____________
3. ____________
4. ____________
5. ____________
6. ____________
7. ____________
8. ____________
9. ____________
10. ____________
11. ____________
12. ____________

TASTO DI RISPOSTA

1

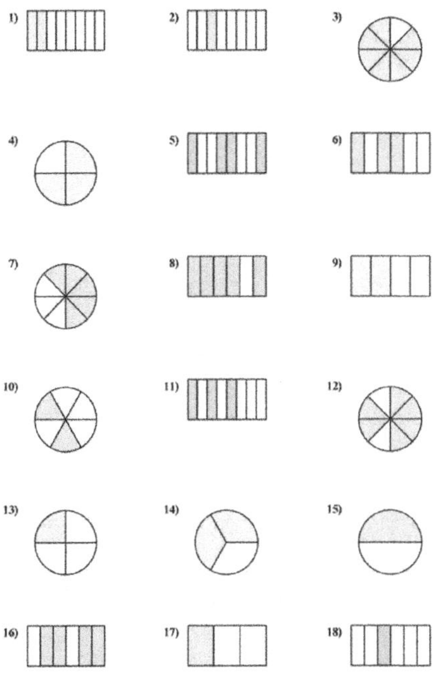

1. $^{2}/_{8}$
2. $^{1}/_{8}$
3. $^{7}/_{8}$
4. $^{3}/_{4}$
5. $^{4}/_{8}$
6. $^{3}/_{6}$
7. $^{5}/_{8}$
8. $^{5}/_{6}$
9. $^{2}/_{4}$
10. $^{2}/_{6}$
11. $^{3}/_{8}$
12. $^{6}/_{8}$
13. $^{1}/_{4}$
14. $^{2}/_{3}$
15. $^{1}/_{2}$
16. $^{4}/_{6}$
17. $^{1}/_{3}$
18. $^{1}/_{6}$

2

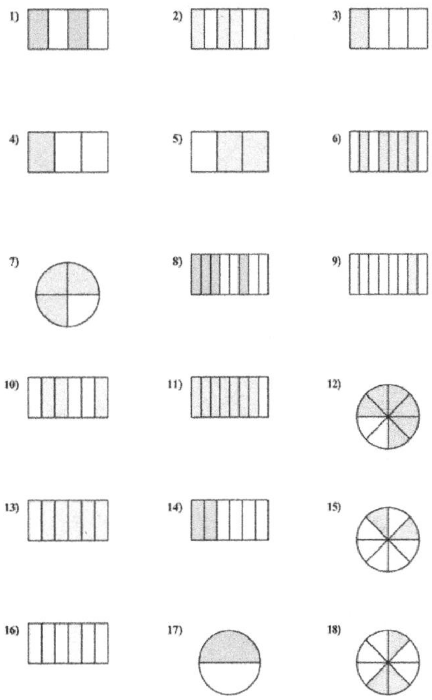

1. $^{2}/_{4}$
2. $^{4}/_{6}$
3. $^{1}/_{4}$
4. $^{1}/_{3}$
5. $^{2}/_{3}$
6. $^{5}/_{8}$
7. $^{3}/_{4}$
8. $^{4}/_{8}$
9. $^{1}/_{8}$
10. $^{3}/_{6}$
11. $^{7}/_{8}$
12. $^{6}/_{8}$
13. $^{5}/_{6}$
14. $^{2}/_{6}$
15. $^{2}/_{8}$
16. $^{1}/_{6}$
17. $^{1}/_{2}$
18. $^{3}/_{8}$

3

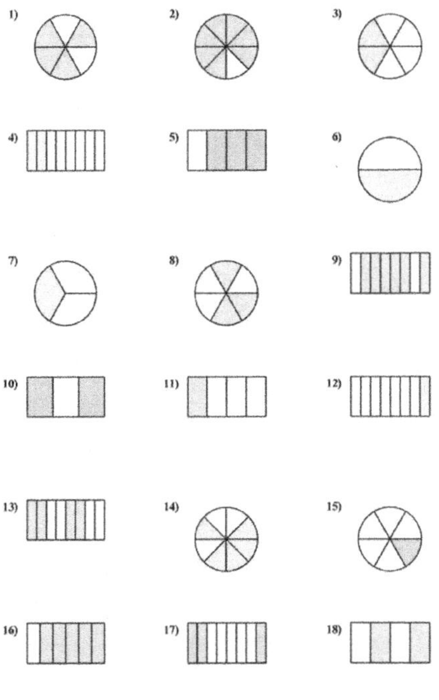

1. $^{4}/_{6}$
2. $^{7}/_{8}$
3. $^{2}/_{6}$
4. $^{2}/_{8}$
5. $^{3}/_{4}$
6. $^{1}/_{2}$
7. $^{1}/_{3}$
8. $^{3}/_{6}$
9. $^{6}/_{8}$
10. $^{2}/_{3}$
11. $^{1}/_{4}$
12. $^{1}/_{8}$
13. $^{4}/_{8}$
14. $^{5}/_{8}$
15. $^{1}/_{6}$
16. $^{5}/_{6}$
17. $^{3}/_{8}$
18. $^{2}/_{4}$

4

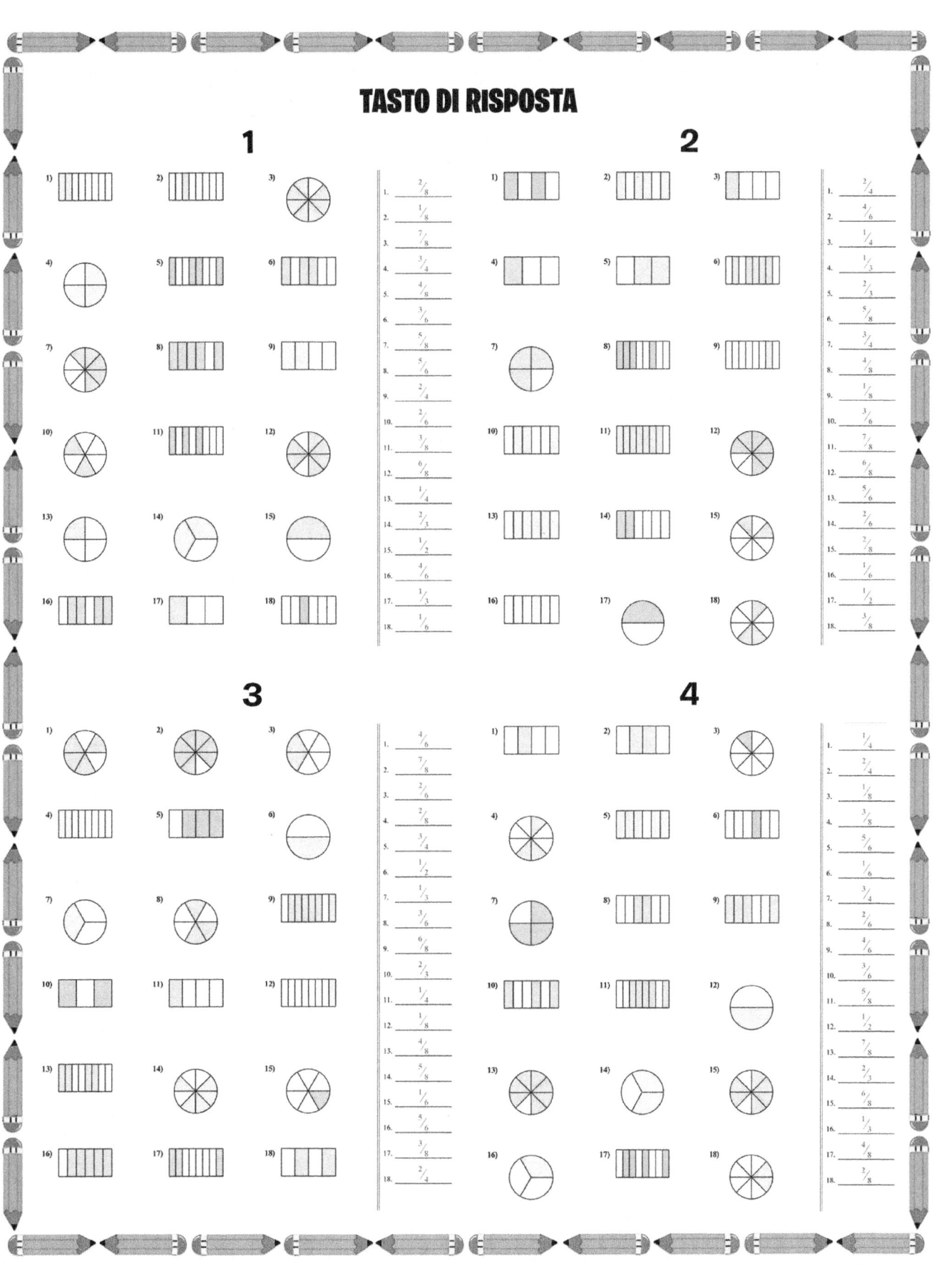

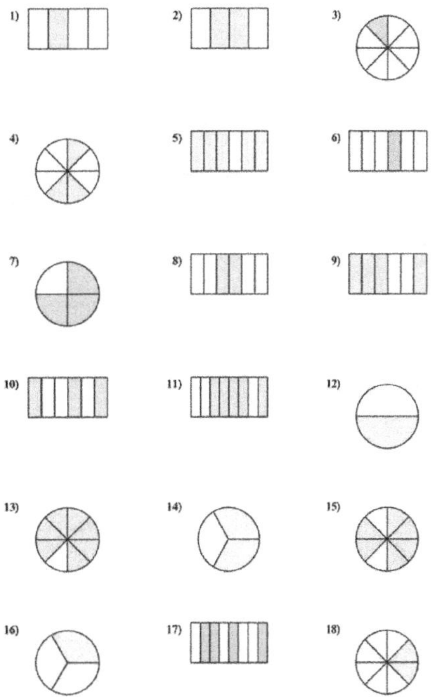

1. $^{1}/_{4}$
2. $^{2}/_{4}$
3. $^{1}/_{8}$
4. $^{3}/_{8}$
5. $^{5}/_{6}$
6. $^{1}/_{6}$
7. $^{3}/_{4}$
8. $^{2}/_{6}$
9. $^{4}/_{6}$
10. $^{3}/_{6}$
11. $^{5}/_{8}$
12. $^{1}/_{2}$
13. $^{7}/_{8}$
14. $^{2}/_{3}$
15. $^{6}/_{8}$
16. $^{1}/_{3}$
17. $^{4}/_{8}$
18. $^{2}/_{8}$

5

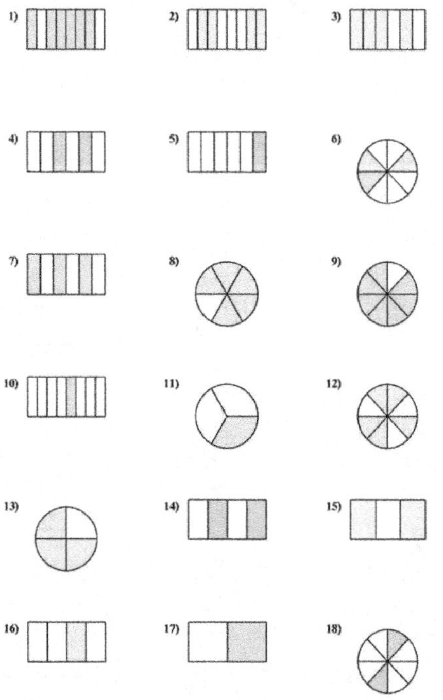

1. 6/8
2. 4/8
3. 4/6
4. 2/6
5. 1/6
6. 3/8
7. 3/6
8. 5/6
9. 7/8
10. 1/8
11. 1/3
12. 5/8
13. 3/4
14. 2/4
15. 2/3
16. 1/4
17. 1/2
18. 2/8

6

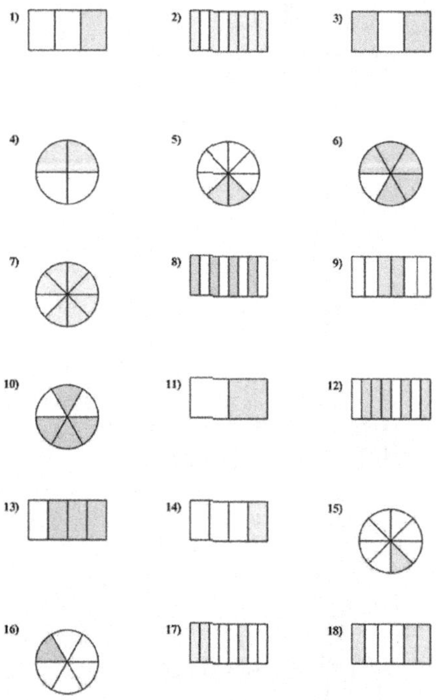

1. 1/3
2. 6/8
3. 2/3
4. 2/4
5. 2/8
6. 5/6
7. 7/8
8. 4/8
9. 2/6
10. 4/6
11. 1/2
12. 5/8
13. 3/4
14. 1/4
15. 1/8
16. 1/6
17. 3/8
18. 3/6

7

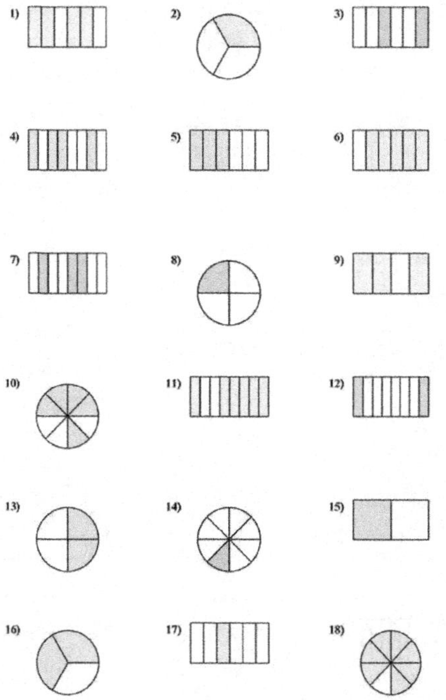

1. 4/6
2. 1/3
3. 2/6
4. 4/8
5. 3/6
6. 5/6
7. 3/8
8. 1/4
9. 3/4
10. 5/8
11. 6/8
12. 2/8
13. 2/4
14. 1/8
15. 1/2
16. 2/3
17. 1/6
18. 7/8

8

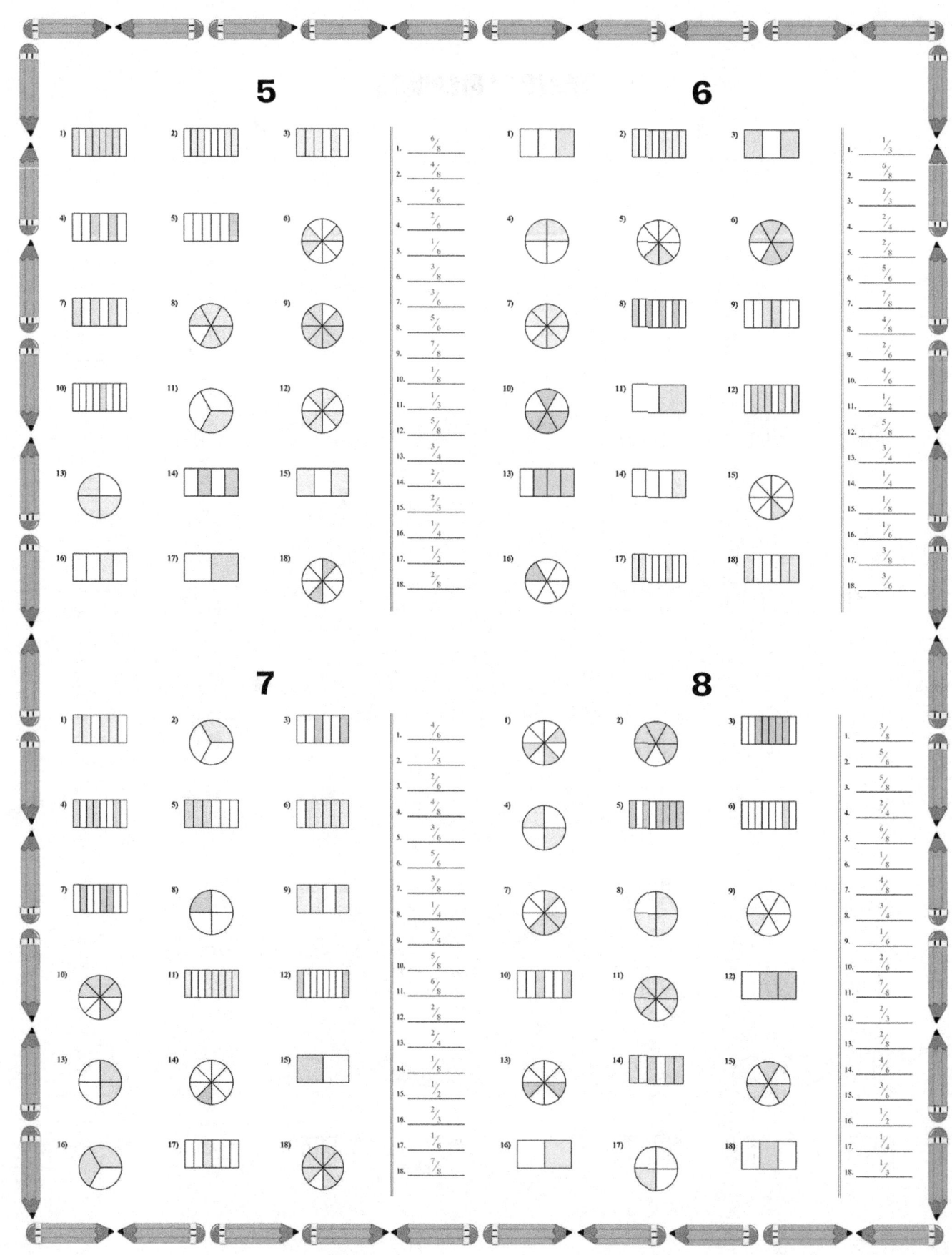

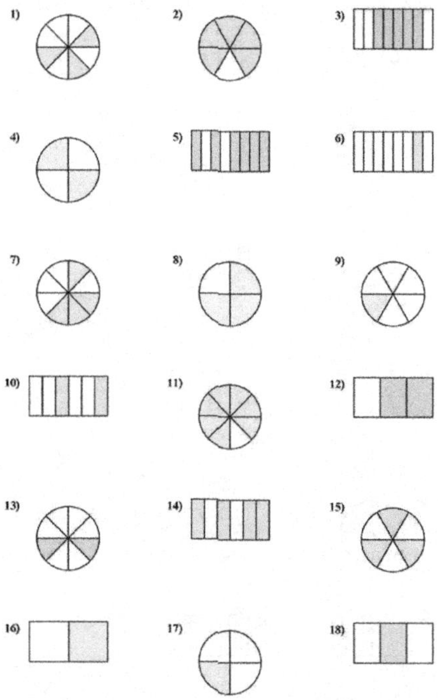

1. 3/8
2. 5/6
3. 5/8
4. 2/4
5. 6/8
6. 1/8
7. 4/8
8. 3/4
9. 1/6
10. 2/6
11. 7/8
12. 2/3
13. 2/8
14. 4/6
15. 3/6
16. 1/2
17. 1/4
18. 1/3

9

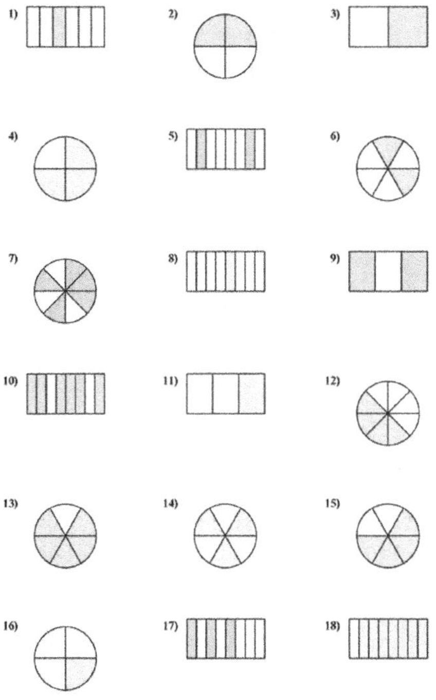

1. $1/6$
2. $2/4$
3. $1/2$
4. $3/4$
5. $2/8$
6. $2/6$
7. $5/8$
8. $1/8$
9. $2/3$
10. $6/8$
11. $1/3$
12. $4/8$
13. $5/6$
14. $3/6$
15. $4/6$
16. $1/4$
17. $3/8$
18. $7/8$

10

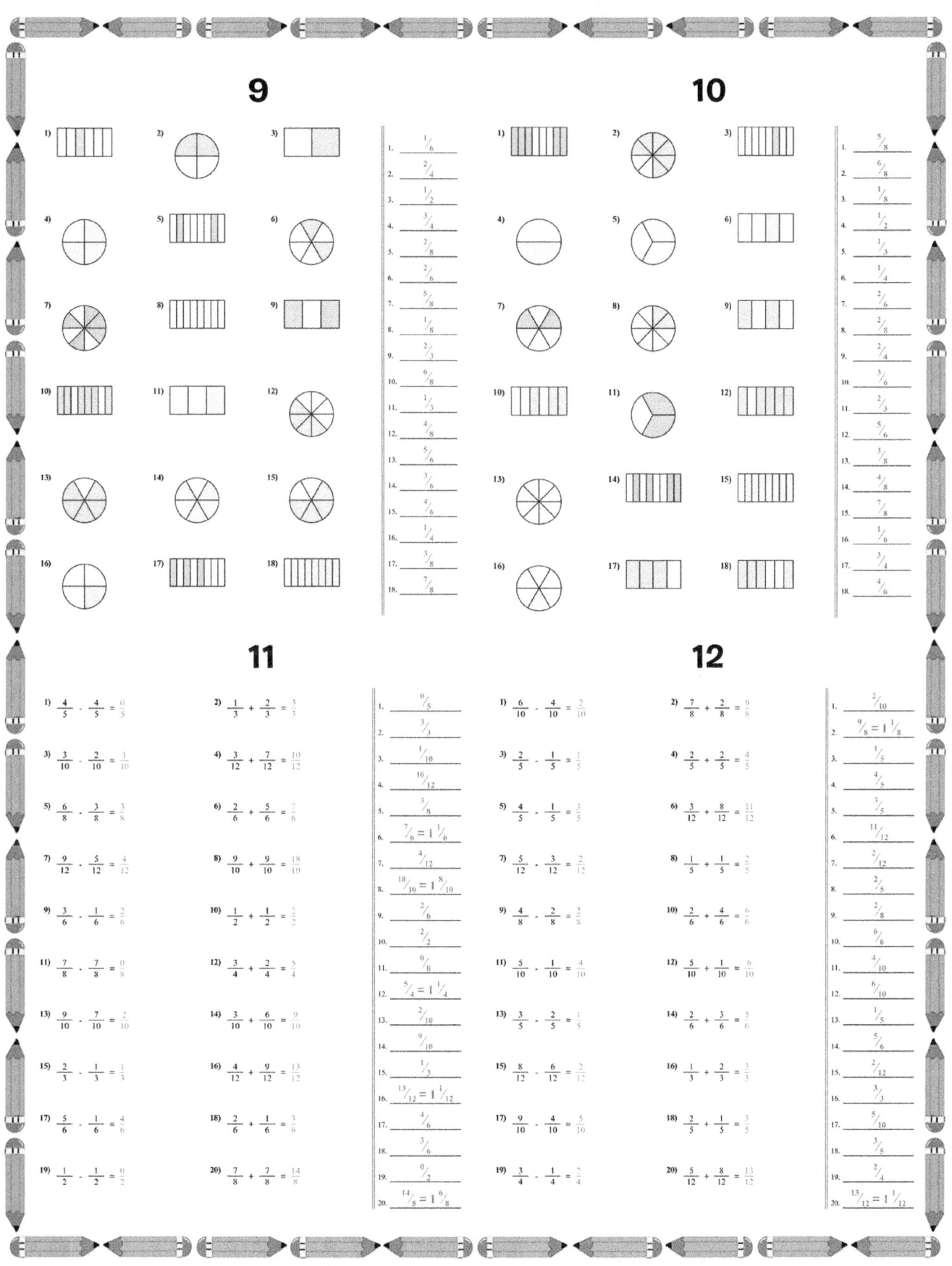

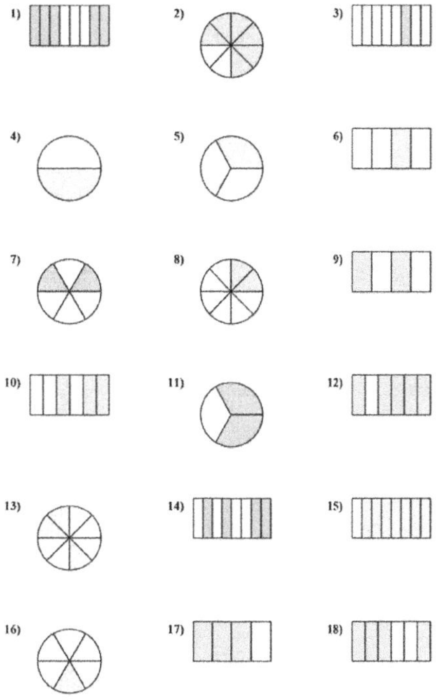

1. $5/8$
2. $6/8$
3. $1/8$
4. $1/2$
5. $1/3$
6. $1/4$
7. $2/6$
8. $2/8$
9. $2/4$
10. $3/6$
11. $2/3$
12. $5/6$
13. $3/8$
14. $4/8$
15. $7/8$
16. $1/6$
17. $3/4$
18. $4/6$

11

1) $\frac{4}{5} - \frac{4}{5} = \frac{0}{5}$
2) $\frac{1}{3} + \frac{2}{3} = \frac{3}{3}$
3) $\frac{3}{10} - \frac{2}{10} = \frac{1}{10}$
4) $\frac{3}{12} + \frac{7}{12} = \frac{10}{12}$
5) $\frac{6}{8} - \frac{3}{8} = \frac{3}{8}$
6) $\frac{2}{6} + \frac{5}{6} = \frac{7}{6}$
7) $\frac{9}{12} - \frac{5}{12} = \frac{4}{12}$
8) $\frac{9}{10} + \frac{9}{10} = \frac{18}{10}$
9) $\frac{3}{6} - \frac{1}{6} = \frac{2}{6}$
10) $\frac{1}{2} + \frac{1}{2} = \frac{2}{2}$
11) $\frac{7}{8} - \frac{7}{8} = \frac{0}{8}$
12) $\frac{3}{4} + \frac{2}{4} = \frac{5}{4}$
13) $\frac{9}{10} - \frac{7}{10} = \frac{2}{10}$
14) $\frac{3}{10} + \frac{6}{10} = \frac{9}{10}$
15) $\frac{2}{3} - \frac{1}{3} = \frac{1}{3}$
16) $\frac{4}{12} + \frac{9}{12} = \frac{13}{12}$
17) $\frac{5}{6} - \frac{1}{6} = \frac{4}{6}$
18) $\frac{2}{6} + \frac{1}{6} = \frac{3}{6}$
19) $\frac{1}{2} - \frac{1}{2} = \frac{0}{2}$
20) $\frac{7}{8} + \frac{7}{8} = \frac{14}{8}$

1. $0/5$
2. $3/3$
3. $1/10$
4. $10/12$
5. $3/8$
6. $7/6 = 1\,1/6$
7. $4/12$
8. $18/10 = 1\,8/10$
9. $2/6$
10. $2/2$
11. $0/8$
12. $5/4 = 1\,1/4$
13. $2/10$
14. $9/10$
15. $1/3$
16. $13/12 = 1\,1/12$
17. $4/6$
18. $3/6$
19. $0/2$
20. $14/8 = 1\,6/8$

12

1) $\frac{6}{10} - \frac{4}{10} = \frac{2}{10}$
2) $\frac{7}{8} + \frac{2}{8} = \frac{9}{8}$
3) $\frac{2}{5} - \frac{1}{5} = \frac{1}{5}$
4) $\frac{2}{5} + \frac{2}{5} = \frac{4}{5}$
5) $\frac{4}{5} - \frac{1}{5} = \frac{3}{5}$
6) $\frac{3}{12} + \frac{8}{12} = \frac{11}{12}$
7) $\frac{5}{12} - \frac{3}{12} = \frac{2}{12}$
8) $\frac{1}{5} + \frac{1}{5} = \frac{2}{5}$
9) $\frac{4}{8} - \frac{2}{8} = \frac{2}{8}$
10) $\frac{2}{6} + \frac{4}{6} = \frac{6}{6}$
11) $\frac{5}{10} - \frac{1}{10} = \frac{4}{10}$
12) $\frac{5}{10} + \frac{1}{10} = \frac{6}{10}$
13) $\frac{3}{5} - \frac{2}{5} = \frac{1}{5}$
14) $\frac{2}{6} + \frac{3}{6} = \frac{5}{6}$
15) $\frac{8}{12} - \frac{6}{12} = \frac{2}{12}$
16) $\frac{1}{3} + \frac{2}{3} = \frac{3}{3}$
17) $\frac{9}{10} - \frac{4}{10} = \frac{5}{10}$
18) $\frac{2}{5} + \frac{1}{5} = \frac{3}{5}$
19) $\frac{3}{4} - \frac{1}{4} = \frac{2}{4}$
20) $\frac{5}{12} + \frac{8}{12} = \frac{13}{12}$

1. $2/10$
2. $9/8 = 1\,1/8$
3. $1/5$
4. $4/5$
5. $3/5$
6. $11/12$
7. $2/12$
8. $2/5$
9. $2/8$
10. $6/6$
11. $4/10$
12. $6/10$
13. $1/5$
14. $5/6$
15. $2/12$
16. $3/3$
17. $5/10$
18. $3/5$
19. $2/4$
20. $13/12 = 1\,1/12$

13

1) $\frac{4}{6} - \frac{4}{6} = \frac{0}{6}$
2) $\frac{10}{12} + \frac{10}{12} = \frac{20}{12}$
3) $\frac{2}{4} - \frac{1}{4} = \frac{1}{4}$
4) $\frac{8}{12} + \frac{8}{12} = \frac{16}{12}$
5) $\frac{1}{2} - \frac{1}{2} = \frac{0}{2}$
6) $\frac{1}{3} + \frac{1}{3} = \frac{2}{3}$
7) $\frac{4}{5} - \frac{3}{5} = \frac{1}{5}$
8) $\frac{4}{5} + \frac{4}{5} = \frac{8}{5}$
9) $\frac{11}{12} - \frac{11}{12} = \frac{0}{12}$
10) $\frac{5}{8} + \frac{2}{8} = \frac{7}{8}$
11) $\frac{3}{5} - \frac{1}{5} = \frac{2}{5}$
12) $\frac{5}{10} + \frac{4}{10} = \frac{9}{10}$
13) $\frac{4}{5} - \frac{2}{5} = \frac{2}{5}$
14) $\frac{1}{4} + \frac{3}{4} = \frac{4}{4}$
15) $\frac{5}{10} - \frac{1}{10} = \frac{4}{10}$
16) $\frac{2}{5} + \frac{4}{5} = \frac{6}{5}$
17) $\frac{2}{3} - \frac{2}{3} = \frac{0}{3}$
18) $\frac{4}{10} + \frac{7}{10} = \frac{11}{10}$
19) $\frac{5}{10} - \frac{3}{10} = \frac{2}{10}$
20) $\frac{7}{10} + \frac{9}{10} = \frac{16}{10}$

1. $^{0}/_{6}$
2. $^{20}/_{12} = 1\,^{8}/_{12}$
3. $^{1}/_{4}$
4. $^{16}/_{12} = 1\,^{4}/_{12}$
5. $^{0}/_{2}$
6. $^{2}/_{3}$
7. $^{1}/_{5}$
8. $^{8}/_{5} = 1\,^{3}/_{5}$
9. $^{0}/_{12}$
10. $^{7}/_{8}$
11. $^{2}/_{5}$
12. $^{9}/_{10}$
13. $^{2}/_{5}$
14. $^{4}/_{4}$
15. $^{4}/_{10}$
16. $^{6}/_{5} = 1\,^{1}/_{5}$
17. $^{0}/_{3}$
18. $^{11}/_{10} = 1\,^{1}/_{10}$
19. $^{2}/_{10}$
20. $^{16}/_{10} = 1\,^{6}/_{10}$

14

1) $\frac{5}{6} - \frac{4}{6} = \frac{1}{6}$
2) $\frac{7}{12} + \frac{3}{12} = \frac{10}{12}$
3) $\frac{4}{6} - \frac{2}{6} = \frac{2}{6}$
4) $\frac{9}{10} + \frac{8}{10} = \frac{17}{10}$
5) $\frac{3}{4} - \frac{1}{4} = \frac{2}{4}$
6) $\frac{6}{8} + \frac{6}{8} = \frac{12}{8}$
7) $\frac{3}{4} - \frac{2}{4} = \frac{1}{4}$
8) $\frac{1}{6} + \frac{5}{6} = \frac{6}{6}$
9) $\frac{7}{12} - \frac{5}{12} = \frac{2}{12}$
10) $\frac{1}{2} + \frac{1}{2} = \frac{2}{2}$
11) $\frac{4}{10} - \frac{1}{10} = \frac{3}{10}$
12) $\frac{7}{10} + \frac{7}{10} = \frac{14}{10}$
13) $\frac{2}{3} - \frac{1}{3} = \frac{1}{3}$
14) $\frac{4}{5} + \frac{4}{5} = \frac{8}{5}$
15) $\frac{11}{12} - \frac{9}{12} = \frac{2}{12}$
16) $\frac{1}{8} + \frac{7}{8} = \frac{8}{8}$
17) $\frac{4}{5} - \frac{3}{5} = \frac{1}{5}$
18) $\frac{1}{10} + \frac{3}{10} = \frac{4}{10}$
19) $\frac{6}{8} - \frac{4}{8} = \frac{2}{8}$
20) $\frac{3}{4} + \frac{1}{4} = \frac{4}{4}$

1. $^{1}/_{6}$
2. $^{10}/_{12}$
3. $^{2}/_{6}$
4. $^{17}/_{10} = 1\,^{7}/_{10}$
5. $^{2}/_{4}$
6. $^{12}/_{8} = 1\,^{4}/_{8}$
7. $^{1}/_{4}$
8. $^{6}/_{6}$
9. $^{2}/_{12}$
10. $^{2}/_{2}$
11. $^{3}/_{10}$
12. $^{14}/_{10} = 1\,^{4}/_{10}$
13. $^{1}/_{3}$
14. $^{8}/_{5} = 1\,^{3}/_{5}$
15. $^{2}/_{12}$
16. $^{8}/_{8}$
17. $^{1}/_{5}$
18. $^{4}/_{10}$
19. $^{2}/_{8}$
20. $^{4}/_{4}$

15

1) $\frac{1}{2} - \frac{1}{2} = \frac{0}{2}$
2) $\frac{1}{2} + \frac{1}{2} = \frac{2}{2}$
3) $\frac{7}{10} - \frac{2}{10} = \frac{5}{10}$
4) $\frac{5}{12} + \frac{3}{12} = \frac{8}{12}$
5) $\frac{5}{6} - \frac{4}{6} = \frac{1}{6}$
6) $\frac{2}{3} + \frac{1}{3} = \frac{3}{3}$
7) $\frac{2}{3} - \frac{1}{3} = \frac{1}{3}$
8) $\frac{3}{4} + \frac{1}{4} = \frac{4}{4}$
9) $\frac{6}{8} - \frac{4}{8} = \frac{2}{8}$
10) $\frac{1}{10} + \frac{8}{10} = \frac{9}{10}$
11) $\frac{5}{6} - \frac{1}{6} = \frac{4}{6}$
12) $\frac{9}{12} + \frac{8}{12} = \frac{17}{12}$
13) $\frac{6}{10} - \frac{5}{10} = \frac{1}{10}$
14) $\frac{3}{4} + \frac{3}{4} = \frac{6}{4}$
15) $\frac{4}{5} - \frac{3}{5} = \frac{1}{5}$
16) $\frac{4}{12} + \frac{11}{12} = \frac{15}{12}$
17) $\frac{2}{4} - \frac{2}{4} = \frac{0}{4}$
18) $\frac{4}{12} + \frac{8}{12} = \frac{12}{12}$
19) $\frac{5}{8} - \frac{2}{8} = \frac{3}{8}$
20) $\frac{2}{5} + \frac{4}{5} = \frac{6}{5}$

1. $^{0}/_{2}$
2. $^{2}/_{2}$
3. $^{5}/_{10}$
4. $^{8}/_{12}$
5. $^{1}/_{6}$
6. $^{3}/_{3}$
7. $^{1}/_{3}$
8. $^{4}/_{4}$
9. $^{2}/_{8}$
10. $^{9}/_{10}$
11. $^{4}/_{6}$
12. $^{17}/_{12} = 1\,^{5}/_{12}$
13. $^{1}/_{10}$
14. $^{6}/_{4} = 1\,^{2}/_{4}$
15. $^{1}/_{5}$
16. $^{15}/_{12} = 1\,^{3}/_{12}$
17. $^{0}/_{4}$
18. $^{12}/_{12}$
19. $^{3}/_{8}$
20. $^{6}/_{5} = 1\,^{1}/_{5}$

16

1) $\frac{9}{10} - \frac{5}{10} = \frac{4}{10}$
2) $\frac{2}{12} + \frac{2}{12} = \frac{4}{12}$
3) $\frac{5}{8} - \frac{5}{8} = \frac{0}{8}$
4) $\frac{1}{5} + \frac{1}{5} = \frac{2}{5}$
5) $\frac{4}{10} - \frac{3}{10} = \frac{1}{10}$
6) $\frac{3}{4} + \frac{1}{4} = \frac{4}{4}$
7) $\frac{4}{5} - \frac{1}{5} = \frac{3}{5}$
8) $\frac{4}{6} + \frac{3}{6} = \frac{7}{6}$
9) $\frac{1}{2} - \frac{1}{2} = \frac{0}{2}$
10) $\frac{3}{5} + \frac{2}{5} = \frac{5}{5}$
11) $\frac{5}{6} - \frac{1}{6} = \frac{4}{6}$
12) $\frac{4}{5} + \frac{4}{5} = \frac{8}{5}$
13) $\frac{7}{10} - \frac{2}{10} = \frac{5}{10}$
14) $\frac{3}{8} + \frac{7}{8} = \frac{10}{8}$
15) $\frac{10}{12} - \frac{4}{12} = \frac{6}{12}$
16) $\frac{3}{6} + \frac{4}{6} = \frac{7}{6}$
17) $\frac{3}{5} - \frac{1}{5} = \frac{2}{5}$
18) $\frac{6}{10} + \frac{5}{10} = \frac{11}{10}$
19) $\frac{11}{12} - \frac{2}{12} = \frac{9}{12}$
20) $\frac{1}{4} + \frac{3}{4} = \frac{4}{4}$

1. $^{4}/_{10}$
2. $^{4}/_{12}$
3. $^{0}/_{8}$
4. $^{2}/_{5}$
5. $^{1}/_{10}$
6. $^{4}/_{4}$
7. $^{3}/_{5}$
8. $^{7}/_{6} = 1\,^{1}/_{6}$
9. $^{0}/_{2}$
10. $^{5}/_{5}$
11. $^{4}/_{6}$
12. $^{8}/_{5} = 1\,^{3}/_{5}$
13. $^{5}/_{10}$
14. $^{10}/_{8} = 1\,^{2}/_{8}$
15. $^{6}/_{12}$
16. $^{7}/_{6} = 1\,^{1}/_{6}$
17. $^{2}/_{5}$
18. $^{11}/_{10} = 1\,^{1}/_{10}$
19. $^{9}/_{12}$
20. $^{4}/_{4}$

17

1) $\frac{9}{10} - \frac{2}{10} = \frac{7}{10}$

2) $\frac{1}{2} + \frac{1}{2} = \frac{2}{2}$

3) $\frac{1}{2} - \frac{1}{2} = \frac{0}{2}$

4) $\frac{5}{6} + \frac{1}{6} = \frac{6}{6}$

5) $\frac{2}{12} - \frac{1}{12} = \frac{1}{12}$

6) $\frac{1}{4} + \frac{2}{4} = \frac{3}{4}$

7) $\frac{8}{10} - \frac{1}{10} = \frac{7}{10}$

8) $\frac{2}{4} + \frac{1}{4} = \frac{3}{4}$

9) $\frac{3}{4} - \frac{2}{4} = \frac{1}{4}$

10) $\frac{2}{6} + \frac{4}{6} = \frac{6}{6}$

11) $\frac{5}{8} - \frac{4}{8} = \frac{1}{8}$

12) $\frac{7}{12} + \frac{1}{12} = \frac{8}{12}$

13) $\frac{5}{6} - \frac{1}{6} = \frac{4}{6}$

14) $\frac{5}{10} + \frac{5}{10} = \frac{10}{10}$

15) $\frac{6}{8} - \frac{3}{8} = \frac{3}{8}$

16) $\frac{3}{5} + \frac{4}{5} = \frac{7}{5}$

17) $\frac{4}{12} - \frac{3}{12} = \frac{1}{12}$

18) $\frac{4}{5} + \frac{2}{5} = \frac{6}{5}$

19) $\frac{2}{4} - \frac{2}{4} = \frac{0}{4}$

20) $\frac{2}{8} + \frac{3}{8} = \frac{5}{8}$

1. $^{7}/_{10}$
2. $^{2}/_{2}$
3. $^{0}/_{2}$
4. $^{6}/_{6}$
5. $^{1}/_{12}$
6. $^{3}/_{4}$
7. $^{7}/_{10}$
8. $^{3}/_{4}$
9. $^{1}/_{4}$
10. $^{6}/_{6}$
11. $^{1}/_{8}$
12. $^{8}/_{12}$
13. $^{4}/_{6}$
14. $^{10}/_{10}$
15. $^{3}/_{8}$
16. $^{7}/_{5} = 1\,^{2}/_{5}$
17. $^{1}/_{12}$
18. $^{6}/_{5} = 1\,^{1}/_{5}$
19. $^{0}/_{4}$
20. $^{5}/_{8}$

18

1) $\frac{5}{10} - \frac{2}{10} = \frac{3}{10}$

2) $\frac{4}{8} + \frac{6}{8} = \frac{10}{8}$

3) $\frac{1}{3} - \frac{1}{3} = \frac{0}{3}$

4) $\frac{4}{8} + \frac{1}{8} = \frac{5}{8}$

5) $\frac{2}{3} - \frac{1}{3} = \frac{1}{3}$

6) $\frac{2}{6} + \frac{5}{6} = \frac{7}{6}$

7) $\frac{11}{12} - \frac{1}{12} = \frac{10}{12}$

8) $\frac{2}{3} + \frac{1}{3} = \frac{3}{3}$

9) $\frac{2}{5} - \frac{2}{5} = \frac{0}{5}$

10) $\frac{10}{12} + \frac{7}{12} = \frac{17}{12}$

11) $\frac{7}{8} - \frac{4}{8} = \frac{3}{8}$

12) $\frac{1}{2} + \frac{1}{2} = \frac{2}{2}$

13) $\frac{7}{8} - \frac{5}{8} = \frac{2}{8}$

14) $\frac{11}{12} + \frac{9}{12} = \frac{20}{12}$

15) $\frac{9}{12} - \frac{2}{12} = \frac{7}{12}$

16) $\frac{2}{6} + \frac{2}{6} = \frac{4}{6}$

17) $\frac{7}{12} - \frac{1}{12} = \frac{6}{12}$

18) $\frac{9}{10} + \frac{1}{10} = \frac{10}{10}$

19) $\frac{4}{5} - \frac{2}{5} = \frac{2}{5}$

20) $\frac{4}{8} + \frac{2}{8} = \frac{6}{8}$

1. $^{3}/_{10}$
2. $^{10}/_{8} = 1\,^{2}/_{8}$
3. $^{0}/_{3}$
4. $^{5}/_{8}$
5. $^{1}/_{3}$
6. $^{7}/_{6} = 1\,^{1}/_{6}$
7. $^{10}/_{12}$
8. $^{3}/_{3}$
9. $^{0}/_{5}$
10. $^{17}/_{12} = 1\,^{5}/_{12}$
11. $^{3}/_{8}$
12. $^{2}/_{2}$
13. $^{2}/_{8}$
14. $^{20}/_{12} = 1\,^{8}/_{12}$
15. $^{7}/_{12}$
16. $^{4}/_{6}$
17. $^{6}/_{12}$
18. $^{10}/_{10}$
19. $^{2}/_{5}$
20. $^{6}/_{8}$

19

1) $\frac{4}{6} - \frac{4}{6} = \frac{0}{6}$

2) $\frac{5}{6} + \frac{5}{6} = \frac{10}{6}$

3) $\frac{1}{2} - \frac{1}{2} = \frac{0}{2}$

4) $\frac{2}{8} + \frac{6}{8} = \frac{8}{8}$

5) $\frac{8}{10} - \frac{6}{10} = \frac{2}{10}$

6) $\frac{1}{3} + \frac{1}{3} = \frac{2}{3}$

7) $\frac{4}{10} - \frac{3}{10} = \frac{1}{10}$

8) $\frac{7}{12} + \frac{7}{12} = \frac{14}{12}$

9) $\frac{3}{12} - \frac{3}{12} = \frac{0}{12}$

10) $\frac{3}{6} + \frac{3}{6} = \frac{6}{6}$

11) $\frac{3}{5} - \frac{1}{5} = \frac{2}{5}$

12) $\frac{6}{10} + \frac{1}{10} = \frac{7}{10}$

13) $\frac{3}{5} - \frac{2}{5} = \frac{1}{5}$

14) $\frac{2}{5} + \frac{3}{5} = \frac{5}{5}$

15) $\frac{8}{10} - \frac{4}{10} = \frac{4}{10}$

16) $\frac{2}{4} + \frac{2}{4} = \frac{4}{4}$

17) $\frac{5}{8} - \frac{2}{8} = \frac{3}{8}$

18) $\frac{4}{12} + \frac{10}{12} = \frac{14}{12}$

19) $\frac{2}{6} - \frac{2}{6} = \frac{0}{6}$

20) $\frac{4}{8} + \frac{1}{8} = \frac{5}{8}$

1. $^{0}/_{6}$
2. $^{10}/_{6} = 1\,^{4}/_{6}$
3. $^{0}/_{2}$
4. $^{8}/_{8}$
5. $^{2}/_{10}$
6. $^{2}/_{3}$
7. $^{1}/_{10}$
8. $^{14}/_{12} = 1\,^{2}/_{12}$
9. $^{0}/_{12}$
10. $^{6}/_{6}$
11. $^{2}/_{5}$
12. $^{7}/_{10}$
13. $^{1}/_{5}$
14. $^{5}/_{5}$
15. $^{4}/_{10}$
16. $^{4}/_{4}$
17. $^{3}/_{8}$
18. $^{14}/_{12} = 1\,^{2}/_{12}$
19. $^{0}/_{6}$
20. $^{5}/_{8}$

20

1) $\frac{3}{4} - \frac{2}{4} = \frac{1}{4}$

2) $\frac{7}{8} + \frac{6}{8} = \frac{13}{8}$

3) $\frac{4}{5} - \frac{3}{5} = \frac{1}{5}$

4) $\frac{4}{5} + \frac{4}{5} = \frac{8}{5}$

5) $\frac{1}{4} - \frac{1}{4} = \frac{0}{4}$

6) $\frac{1}{10} + \frac{9}{10} = \frac{10}{10}$

7) $\frac{3}{5} - \frac{1}{5} = \frac{2}{5}$

8) $\frac{5}{6} + \frac{2}{6} = \frac{7}{6}$

9) $\frac{6}{12} - \frac{5}{12} = \frac{1}{12}$

10) $\frac{3}{4} + \frac{2}{4} = \frac{5}{4}$

11) $\frac{10}{12} - \frac{6}{12} = \frac{4}{12}$

12) $\frac{1}{3} + \frac{1}{3} = \frac{2}{3}$

13) $\frac{5}{8} - \frac{2}{8} = \frac{3}{8}$

14) $\frac{3}{12} + \frac{1}{12} = \frac{4}{12}$

15) $\frac{4}{6} - \frac{1}{6} = \frac{3}{6}$

16) $\frac{6}{10} + \frac{6}{10} = \frac{12}{10}$

17) $\frac{8}{12} - \frac{3}{12} = \frac{5}{12}$

18) $\frac{5}{6} + \frac{1}{6} = \frac{6}{6}$

19) $\frac{2}{5} - \frac{2}{5} = \frac{0}{5}$

20) $\frac{1}{3} + \frac{2}{3} = \frac{3}{3}$

1. $^{1}/_{4}$
2. $^{13}/_{8} = 1\,^{5}/_{8}$
3. $^{1}/_{5}$
4. $^{8}/_{5} = 1\,^{3}/_{5}$
5. $^{0}/_{4}$
6. $^{10}/_{10}$
7. $^{2}/_{5}$
8. $^{7}/_{6} = 1\,^{1}/_{6}$
9. $^{1}/_{12}$
10. $^{5}/_{4} = 1\,^{1}/_{4}$
11. $^{4}/_{12}$
12. $^{2}/_{3}$
13. $^{3}/_{8}$
14. $^{4}/_{12}$
15. $^{3}/_{6}$
16. $^{12}/_{10} = 1\,^{2}/_{10}$
17. $^{5}/_{12}$
18. $^{6}/_{6}$
19. $^{0}/_{5}$
20. $^{3}/_{3}$

21

Ex) $\frac{2}{6} \times 2 = \frac{4}{6}$

1) $\frac{2}{8} \times 3 = \frac{6}{8}$

2) $9 \times \frac{1}{4} = 2\frac{1}{4}$

3) $\frac{4}{12} \times 7 = 2\frac{4}{12}$

4) $\frac{4}{6} \times 9 = 6$

5) $\frac{4}{12} \times 10 = 3\frac{4}{12}$

6) $5 \times \frac{1}{4} = 1\frac{1}{4}$

7) $8 \times \frac{2}{3} = 5\frac{1}{3}$

8) $7 \times \frac{9}{12} = 5\frac{3}{12}$

9) $\frac{10}{12} \times 7 = 5\frac{10}{12}$

10) $8 \times \frac{1}{3} = 2\frac{2}{3}$

11) $10 \times \frac{1}{3} = 3\frac{1}{3}$

12) $\frac{4}{12} \times 6 = 2$

13) $7 \times \frac{4}{6} = 4\frac{4}{6}$

14) $\frac{2}{8} \times 4 = 1$

15) $\frac{7}{8} \times 8 = 7$

16) $6 \times \frac{3}{4} = 4\frac{2}{4}$

17) $3 \times \frac{1}{8} = \frac{3}{8}$

Ex. $\frac{4}{6}$
1. $\frac{6}{8}$
2. $2\frac{1}{4}$
3. $2\frac{4}{12}$
4. 6
5. $3\frac{4}{12}$
6. $1\frac{1}{4}$
7. $5\frac{1}{3}$
8. $5\frac{3}{12}$
9. $5\frac{10}{12}$
10. $2\frac{2}{3}$
11. $3\frac{1}{3}$
12. 2
13. $4\frac{4}{6}$
14. 1
15. 7
16. $4\frac{2}{4}$
17. $\frac{3}{8}$

22

Ex) $9 \times \frac{4}{8} = 4\frac{4}{8}$

1) $6 \times \frac{8}{12} = 4$

2) $5 \times \frac{4}{8} = 2\frac{4}{8}$

3) $8 \times \frac{1}{3} = 2\frac{2}{3}$

4) $\frac{1}{5} \times 4 = \frac{4}{5}$

5) $\frac{1}{3} \times 3 = 1$

6) $7 \times \frac{4}{5} = 5\frac{3}{5}$

7) $3 \times \frac{2}{4} = 1\frac{2}{4}$

8) $5 \times \frac{1}{10} = \frac{5}{10}$

9) $\frac{7}{8} \times 9 = 7\frac{7}{8}$

10) $\frac{1}{5} \times 9 = 1\frac{4}{5}$

11) $4 \times \frac{5}{8} = 2\frac{4}{8}$

12) $7 \times \frac{6}{10} = 4\frac{2}{10}$

13) $7 \times \frac{1}{3} = 2\frac{1}{3}$

14) $\frac{5}{6} \times 9 = 7\frac{3}{6}$

15) $7 \times \frac{8}{10} = 5\frac{6}{10}$

16) $6 \times \frac{3}{6} = 3$

17) $\frac{7}{12} \times 8 = 4\frac{8}{12}$

Ex. $4\frac{4}{8}$
1. 4
2. $2\frac{4}{8}$
3. $2\frac{2}{3}$
4. $\frac{4}{5}$
5. 1
6. $5\frac{3}{5}$
7. $1\frac{2}{4}$
8. $\frac{5}{10}$
9. $7\frac{7}{8}$
10. $1\frac{4}{5}$
11. $2\frac{4}{8}$
12. $4\frac{2}{10}$
13. $2\frac{1}{3}$
14. $7\frac{3}{6}$
15. $5\frac{6}{10}$
16. 3
17. $4\frac{8}{12}$

23

Ex) $2 \times \frac{2}{4} = 1$

1) $\frac{1}{5} \times 9 = 1\frac{4}{5}$

2) $7 \times \frac{1}{3} = 2\frac{1}{3}$

3) $\frac{4}{12} \times 6 = 2$

4) $\frac{9}{10} \times 2 = 1\frac{8}{10}$

5) $7 \times \frac{3}{5} = 4\frac{1}{5}$

6) $\frac{5}{6} \times 9 = 7\frac{3}{6}$

7) $\frac{1}{5} \times 3 = \frac{3}{5}$

8) $5 \times \frac{2}{6} = 1\frac{4}{6}$

9) $\frac{1}{4} \times 10 = 2\frac{2}{4}$

10) $\frac{3}{6} \times 10 = 5$

11) $9 \times \frac{4}{10} = 3\frac{6}{10}$

12) $2 \times \frac{4}{5} = 1\frac{3}{5}$

13) $\frac{4}{6} \times 6 = 4$

14) $6 \times \frac{2}{5} = 2\frac{2}{5}$

15) $4 \times \frac{3}{5} = 2\frac{2}{5}$

16) $\frac{7}{12} \times 7 = 4\frac{1}{12}$

17) $\frac{6}{10} \times 7 = 4\frac{2}{10}$

Ex. 1
1. $1\frac{4}{5}$
2. $2\frac{1}{3}$
3. 2
4. $1\frac{8}{10}$
5. $4\frac{1}{5}$
6. $7\frac{3}{6}$
7. $\frac{3}{5}$
8. $1\frac{4}{6}$
9. $2\frac{2}{4}$
10. 5
11. $3\frac{6}{10}$
12. $1\frac{3}{5}$
13. 4
14. $2\frac{2}{5}$
15. $2\frac{2}{5}$
16. $4\frac{1}{12}$
17. $4\frac{2}{10}$

24

Ex) $\frac{2}{3} \times 10 = 6\frac{2}{3}$

1) $\frac{1}{5} \times 6 = 1\frac{1}{5}$

2) $6 \times \frac{1}{3} = 2$

3) $9 \times \frac{2}{3} = 6$

4) $\frac{1}{8} \times 4 = \frac{4}{8}$

5) $2 \times \frac{2}{3} = 1\frac{1}{3}$

6) $8 \times \frac{7}{10} = 5\frac{6}{10}$

7) $\frac{4}{5} \times 7 = 5\frac{3}{5}$

8) $9 \times \frac{3}{5} = 5\frac{2}{5}$

9) $8 \times \frac{3}{8} = 3$

10) $6 \times \frac{2}{8} = 1\frac{4}{8}$

11) $4 \times \frac{1}{3} = 1\frac{1}{3}$

12) $\frac{3}{5} \times 8 = 4\frac{4}{5}$

13) $\frac{4}{5} \times 3 = 2\frac{2}{5}$

14) $2 \times \frac{7}{8} = 1\frac{6}{8}$

15) $\frac{7}{10} \times 5 = 3\frac{5}{10}$

16) $9 \times \frac{1}{4} = 2\frac{1}{4}$

17) $\frac{4}{8} \times 6 = 3$

Ex. $6\frac{2}{3}$
1. $1\frac{1}{5}$
2. 2
3. 6
4. $\frac{4}{8}$
5. $1\frac{1}{3}$
6. $5\frac{6}{10}$
7. $5\frac{3}{5}$
8. $5\frac{2}{5}$
9. 3
10. $1\frac{4}{8}$
11. $1\frac{1}{3}$
12. $4\frac{4}{5}$
13. $2\frac{2}{5}$
14. $1\frac{6}{8}$
15. $3\frac{5}{10}$
16. $2\frac{1}{4}$
17. 3

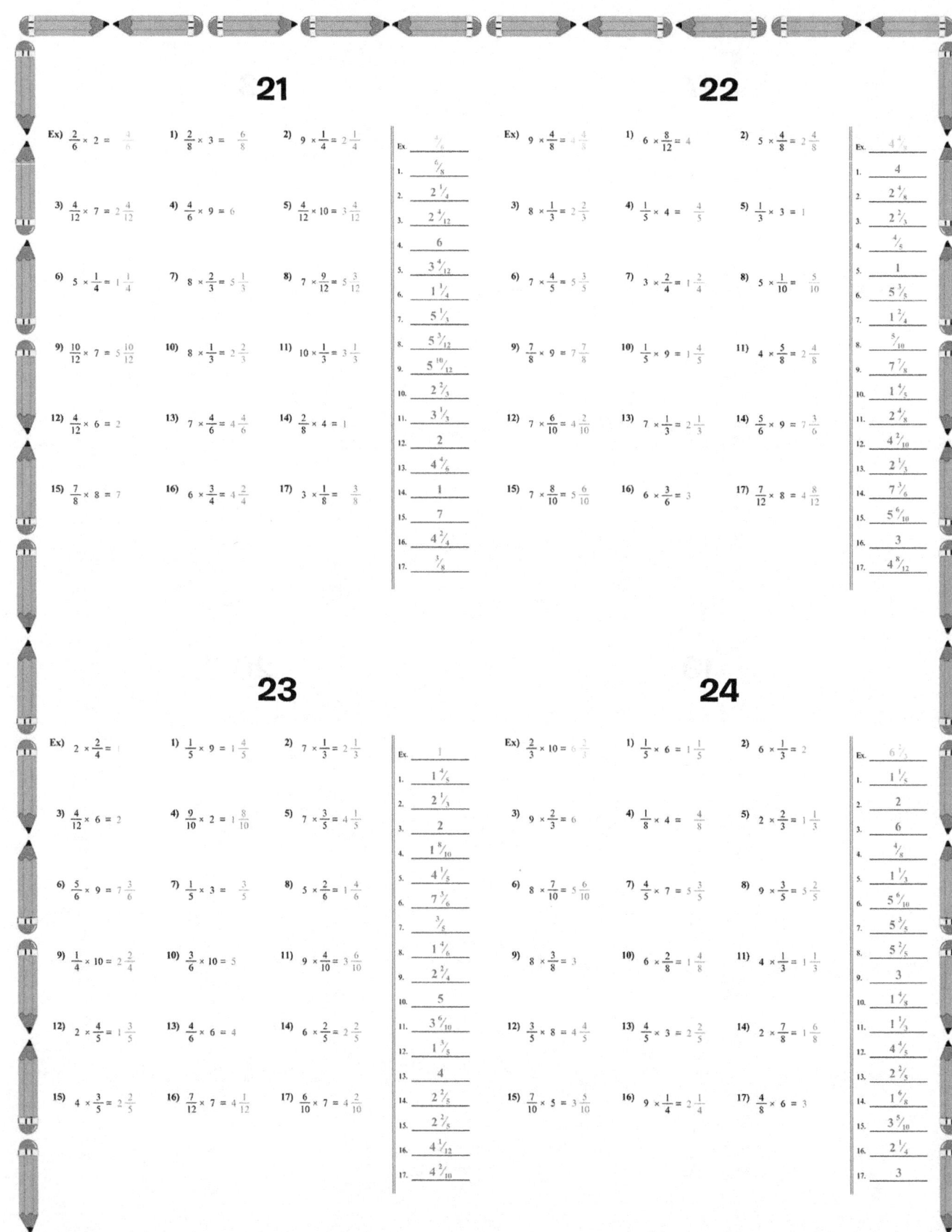

25

Ex) $\frac{3}{4} \times 3 = 2\frac{1}{4}$

1) $3 \times \frac{5}{6} = 2\frac{3}{6}$

2) $6 \times \frac{3}{4} = 4\frac{2}{4}$

3) $\frac{2}{3} \times 2 = 1\frac{1}{3}$

4) $2 \times \frac{1}{4} = \frac{2}{4}$

5) $\frac{4}{6} \times 4 = 2\frac{4}{6}$

6) $4 \times \frac{5}{8} = 2\frac{4}{8}$

7) $10 \times \frac{5}{6} = 8\frac{2}{6}$

8) $\frac{2}{10} \times 2 = \frac{4}{10}$

9) $\frac{1}{3} \times 3 = 1$

10) $\frac{2}{3} \times 10 = 6\frac{2}{3}$

11) $3 \times \frac{1}{5} = \frac{3}{5}$

12) $4 \times \frac{1}{5} = \frac{4}{5}$

13) $\frac{7}{12} \times 10 = 5\frac{10}{12}$

14) $5 \times \frac{1}{4} = 1\frac{1}{4}$

15) $6 \times \frac{1}{3} = 2$

16) $2 \times \frac{3}{6} = 1$

17) $10 \times \frac{2}{8} = 2\frac{4}{8}$

Ex. $2\frac{1}{4}$
1. $2\frac{3}{6}$
2. $4\frac{2}{4}$
3. $1\frac{1}{3}$
4. $\frac{2}{4}$
5. $2\frac{4}{6}$
6. $2\frac{4}{8}$
7. $8\frac{2}{6}$
8. $\frac{4}{10}$
9. 1
10. $6\frac{2}{3}$
11. $\frac{3}{5}$
12. $\frac{4}{5}$
13. $5\frac{10}{12}$
14. $1\frac{1}{4}$
15. 2
16. 1
17. $2\frac{4}{8}$

26

Ex) $\frac{2}{3} \times 8 = 5\frac{1}{3}$

1) $8 \times \frac{2}{5} = 3\frac{1}{5}$

2) $5 \times \frac{3}{5} = 3$

3) $\frac{1}{10} \times 10 = 1$

4) $9 \times \frac{4}{10} = 3\frac{6}{10}$

5) $5 \times \frac{2}{4} = 2\frac{2}{4}$

6) $\frac{1}{5} \times 4 = \frac{4}{5}$

7) $\frac{2}{3} \times 2 = 1\frac{1}{3}$

8) $\frac{2}{5} \times 10 = 4$

9) $10 \times \frac{3}{6} = 5$

10) $8 \times \frac{1}{3} = 2\frac{2}{3}$

11) $\frac{3}{5} \times 10 = 6$

12) $\frac{2}{3} \times 9 = 6$

13) $\frac{1}{3} \times 10 = 3\frac{1}{3}$

14) $\frac{1}{5} \times 8 = 1\frac{3}{5}$

15) $7 \times \frac{2}{6} = 2\frac{2}{6}$

16) $6 \times \frac{1}{12} = \frac{6}{12}$

17) $5 \times \frac{3}{4} = 3\frac{3}{4}$

Ex. $5\frac{1}{3}$
1. $3\frac{1}{5}$
2. 3
3. 1
4. $3\frac{6}{10}$
5. $2\frac{2}{4}$
6. $\frac{4}{5}$
7. $1\frac{1}{3}$
8. 4
9. 5
10. $2\frac{2}{3}$
11. 6
12. 6
13. $3\frac{1}{3}$
14. $1\frac{3}{5}$
15. $2\frac{2}{6}$
16. $\frac{6}{12}$
17. $3\frac{3}{4}$

27

Ex) $\frac{11}{12} \times 8 = 7\frac{4}{12}$

1) $\frac{4}{5} \times 9 = 7\frac{1}{5}$

2) $\frac{3}{5} \times 9 = 5\frac{2}{5}$

3) $4 \times \frac{3}{12} = 1$

4) $\frac{5}{6} \times 8 = 6\frac{4}{6}$

5) $\frac{1}{8} \times 6 = \frac{6}{8}$

6) $3 \times \frac{8}{10} = 2\frac{4}{10}$

7) $5 \times \frac{1}{8} = \frac{5}{8}$

8) $\frac{2}{12} \times 7 = 1\frac{2}{12}$

9) $\frac{4}{12} \times 4 = 1\frac{4}{12}$

10) $9 \times \frac{4}{10} = 3\frac{6}{10}$

11) $\frac{10}{12} \times 7 = 5\frac{10}{12}$

12) $7 \times \frac{4}{6} = 4\frac{4}{6}$

13) $\frac{3}{6} \times 8 = 4$

14) $6 \times \frac{2}{3} = 4$

15) $3 \times \frac{5}{8} = 1\frac{7}{8}$

16) $4 \times \frac{4}{8} = 2$

17) $\frac{2}{5} \times 6 = 2\frac{2}{5}$

Ex. $7\frac{4}{12}$
1. $7\frac{1}{5}$
2. $5\frac{2}{5}$
3. 1
4. $6\frac{4}{6}$
5. $\frac{6}{8}$
6. $2\frac{4}{10}$
7. $\frac{5}{8}$
8. $1\frac{2}{12}$
9. $1\frac{4}{12}$
10. $3\frac{6}{10}$
11. $5\frac{10}{12}$
12. $4\frac{4}{6}$
13. 4
14. 4
15. $1\frac{7}{8}$
16. 2
17. $2\frac{2}{5}$

28

Ex) $10 \times \frac{4}{8} = 5$

1) $\frac{5}{10} \times 10 = 5$

2) $2 \times \frac{1}{3} = \frac{2}{3}$

3) $\frac{9}{12} \times 6 = 4\frac{6}{12}$

4) $\frac{6}{12} \times 9 = 4\frac{6}{12}$

5) $6 \times \frac{2}{4} = 3$

6) $\frac{1}{4} \times 8 = 2$

7) $8 \times \frac{3}{12} = 2$

8) $\frac{5}{8} \times 5 = 3\frac{1}{8}$

9) $\frac{2}{4} \times 5 = 2\frac{2}{4}$

10) $6 \times \frac{2}{8} = 1\frac{4}{8}$

11) $4 \times \frac{1}{6} = \frac{4}{6}$

12) $4 \times \frac{2}{4} = 2$

13) $3 \times \frac{2}{10} = \frac{6}{10}$

14) $\frac{8}{10} \times 4 = 3\frac{2}{10}$

15) $\frac{5}{8} \times 4 = 2\frac{4}{8}$

16) $\frac{7}{8} \times 4 = 3\frac{4}{8}$

17) $3 \times \frac{5}{10} = 1\frac{5}{10}$

Ex. 5
1. 5
2. $\frac{2}{3}$
3. $4\frac{6}{12}$
4. $4\frac{6}{12}$
5. 3
6. 2
7. 2
8. $3\frac{1}{8}$
9. $2\frac{2}{4}$
10. $1\frac{4}{8}$
11. $\frac{4}{6}$
12. 2
13. $\frac{6}{10}$
14. $3\frac{2}{10}$
15. $2\frac{4}{8}$
16. $3\frac{4}{8}$
17. $1\frac{5}{10}$

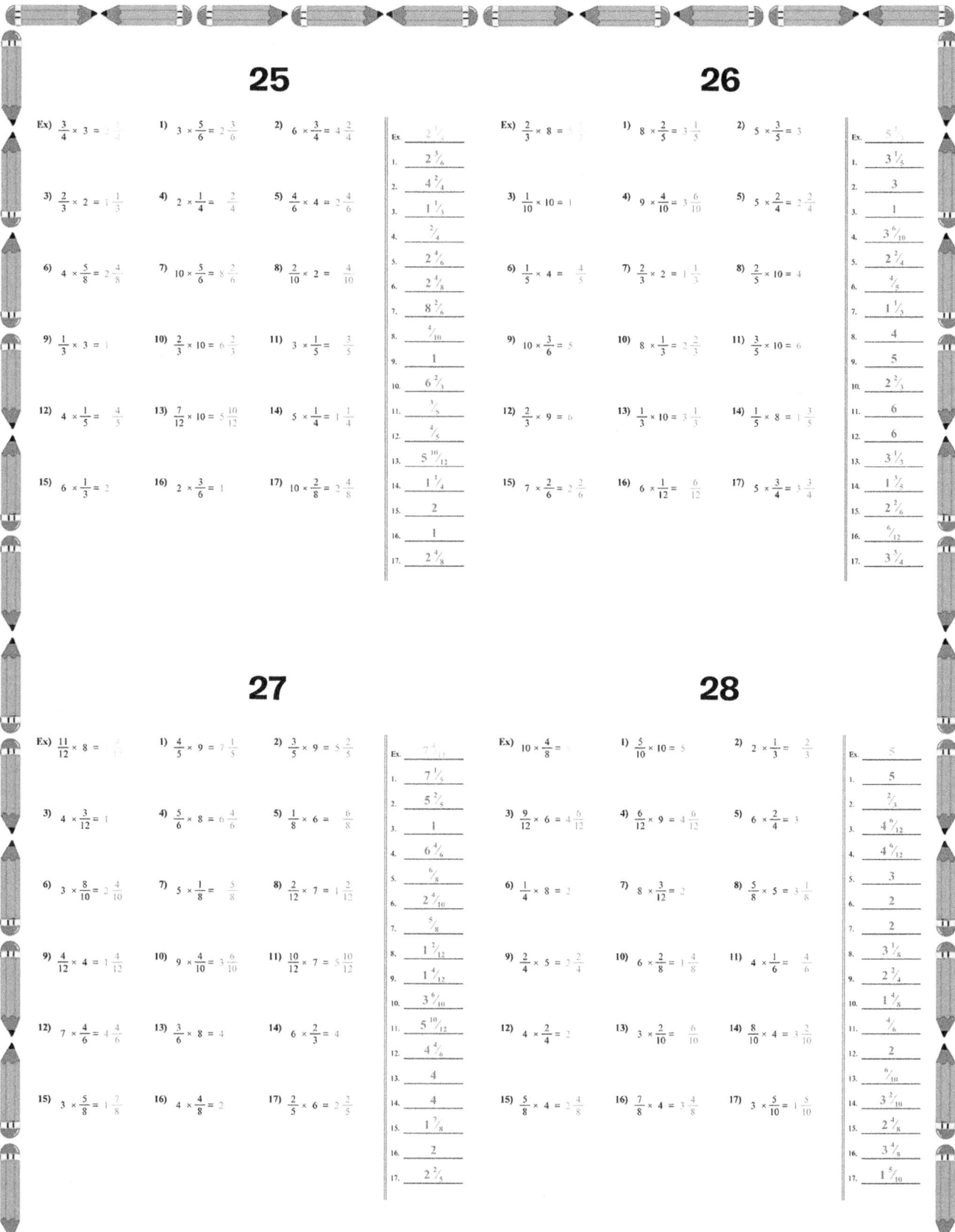

29

Ex) $\frac{4}{10} \times 7 = 2\frac{8}{10}$

1) $\frac{7}{10} \times 3 = 2\frac{1}{10}$

2) $\frac{3}{6} \times 4 = 2$

3) $\frac{2}{8} \times 4 = 1$

4) $\frac{9}{10} \times 3 = 2\frac{7}{10}$

5) $\frac{3}{4} \times 3 = 2\frac{1}{4}$

6) $6 \times \frac{1}{3} = 2$

7) $6 \times \frac{8}{12} = 4$

8) $9 \times \frac{1}{3} = 3$

9) $\frac{9}{10} \times 4 = 3\frac{6}{10}$

10) $7 \times \frac{2}{5} = 2\frac{4}{5}$

11) $10 \times \frac{9}{10} = 9$

12) $\frac{3}{12} \times 9 = 2\frac{3}{12}$

13) $6 \times \frac{1}{12} = \frac{6}{12}$

14) $\frac{3}{4} \times 9 = 6\frac{3}{4}$

15) $9 \times \frac{3}{8} = 3\frac{3}{8}$

16) $\frac{4}{6} \times 6 = 4$

17) $7 \times \frac{4}{6} = 4\frac{4}{6}$

Ex. $2\frac{8}{10}$
1. $2\frac{1}{10}$
2. 2
3. 1
4. $2\frac{7}{10}$
5. $2\frac{1}{4}$
6. 2
7. 4
8. 3
9. $3\frac{6}{10}$
10. $2\frac{4}{5}$
11. 9
12. $2\frac{3}{12}$
13. $\frac{6}{12}$
14. $6\frac{3}{4}$
15. $3\frac{3}{8}$
16. 4
17. $4\frac{4}{6}$

30

Ex) $\frac{4}{6} \times 6 = 4$

1) $\frac{2}{6} \times 3 = 1$

2) $\frac{2}{4} \times 10 = 5$

3) $4 \times \frac{7}{10} = 2\frac{8}{10}$

4) $5 \times \frac{5}{10} = 2\frac{5}{10}$

5) $4 \times \frac{1}{4} = 1$

6) $\frac{5}{10} \times 3 = 1\frac{5}{10}$

7) $\frac{1}{3} \times 3 = 1$

8) $6 \times \frac{2}{4} = 3$

9) $\frac{8}{12} \times 3 = 2$

10) $5 \times \frac{1}{3} = 1\frac{2}{3}$

11) $9 \times \frac{6}{10} = 5\frac{4}{10}$

12) $\frac{1}{4} \times 6 = 1\frac{2}{4}$

13) $\frac{4}{6} \times 4 = 2\frac{4}{6}$

14) $\frac{2}{5} \times 7 = 2\frac{4}{5}$

15) $\frac{10}{12} \times 8 = 6\frac{8}{12}$

16) $\frac{2}{6} \times 8 = 2\frac{4}{6}$

17) $7 \times \frac{8}{10} = 5\frac{6}{10}$

Ex. 4
1. 1
2. 5
3. $2\frac{8}{10}$
4. $2\frac{5}{10}$
5. 1
6. $1\frac{5}{10}$
7. 1
8. 3
9. 2
10. $1\frac{2}{3}$
11. $5\frac{4}{10}$
12. $1\frac{2}{4}$
13. $2\frac{4}{6}$
14. $2\frac{4}{5}$
15. $6\frac{8}{12}$
16. $2\frac{4}{6}$
17. $5\frac{6}{10}$

32

1) 476 ÷ 56 =
A. 4
B. 3
C. 7
D. 8

2) 142 ÷ 19 =
A. 4
B. 5
C. 2
D. 7

3) 363 ÷ 91 =
A. 9
B. 3
C. 8
D. 4

4) 348 ÷ 54 =
A. 5
B. 7
C. 9
D. 4

5) 152 ÷ 53 =
A. 3
B. 7
C. 5
D. 6

6) 149 ÷ 32 =
A. 8
B. 5
C. 2
D. 4

7) 451 ÷ 88 =
A. 7
B. 6
C. 5
D. 2

8) 271 ÷ 92 =
A. 9
B. 4
C. 2
D. 3

9) 809 ÷ 94 =
A. 7
B. 5
C. 4
D. 9

10) 319 ÷ 81 =
A. 2
B. 4
C. 3
D. 8

11) 482 ÷ 78 =
A. 2
B. 6
C. 7
D. 9

12) 398 ÷ 51 =
A. 7
B. 4
C. 8
D. 6

13) 121 ÷ 62 =
A. 2
B. 5
C. 3
D. 8

14) 418 ÷ 64 =
A. 7
B. 6
C. 5
D. 4

15) 418 ÷ 68 =
A. 6
B. 7
C. 9
D. 4

16) 81 ÷ 43 =
A. 2
B. 6
C. 3
D. 5

17) 559 ÷ 69 =
A. 9
B. 8
C. 4
D. 7

18) 282 ÷ 39 =
A. 5
B. 7
C. 2
D. 9

1. D
2. D
3. D
4. B
5. A
6. B
7. C
8. D
9. D
10. B
11. B
12. C
13. A
14. A
15. A
16. A
17. B
18. B

33

1) 628 ÷ 69 =
A. 9
B. 8
C. 4
D. 3

2) 274 ÷ 31 =
A. 8
B. 9
C. 6
D. 7

3) 93 ÷ 32 =
A. 7
B. 3
C. 4
D. 5

4) 236 ÷ 28 =
A. 6
B. 8
C. 3
D. 4

5) 542 ÷ 87 =
A. 9
B. 3
C. 4
D. 6

6) 482 ÷ 64 =
A. 2
B. 5
C. 9
D. 8

7) 101 ÷ 54 =
A. 2
B. 8
C. 6
D. 9

8) 243 ÷ 39 =
A. 8
B. 6
C. 3
D. 4

9) 179 ÷ 91 =
A. 8
B. 2
C. 4
D. 5

10) 402 ÷ 76 =
A. 8
B. 5
C. 2
D. 6

11) 352 ÷ 52 =
A. 9
B. 5
C. 6
D. 7

12) 273 ÷ 91 =
A. 7
B. 5
C. 8
D. 3

13) 449 ÷ 48 =
A. 4
B. 7
C. 5
D. 9

14) 162 ÷ 24 =
A. 7
B. 4
C. 3
D. 8

15) 643 ÷ 84 =
A. 5
B. 8
C. 6
D. 7

16) 316 ÷ 79 =
A. 3
B. 6
C. 2
D. 4

17) 198 ÷ 48 =
A. 7
B. 8
C. 3
D. 4

18) 253 ÷ 54 =
A. 5
B. 2
C. 9
D. 4

1. A
2. B
3. B
4. B
5. D
6. D
7. A
8. B
9. B
10. B
11. D
12. D
13. D
14. D
15. B
16. D
17. D
18. A

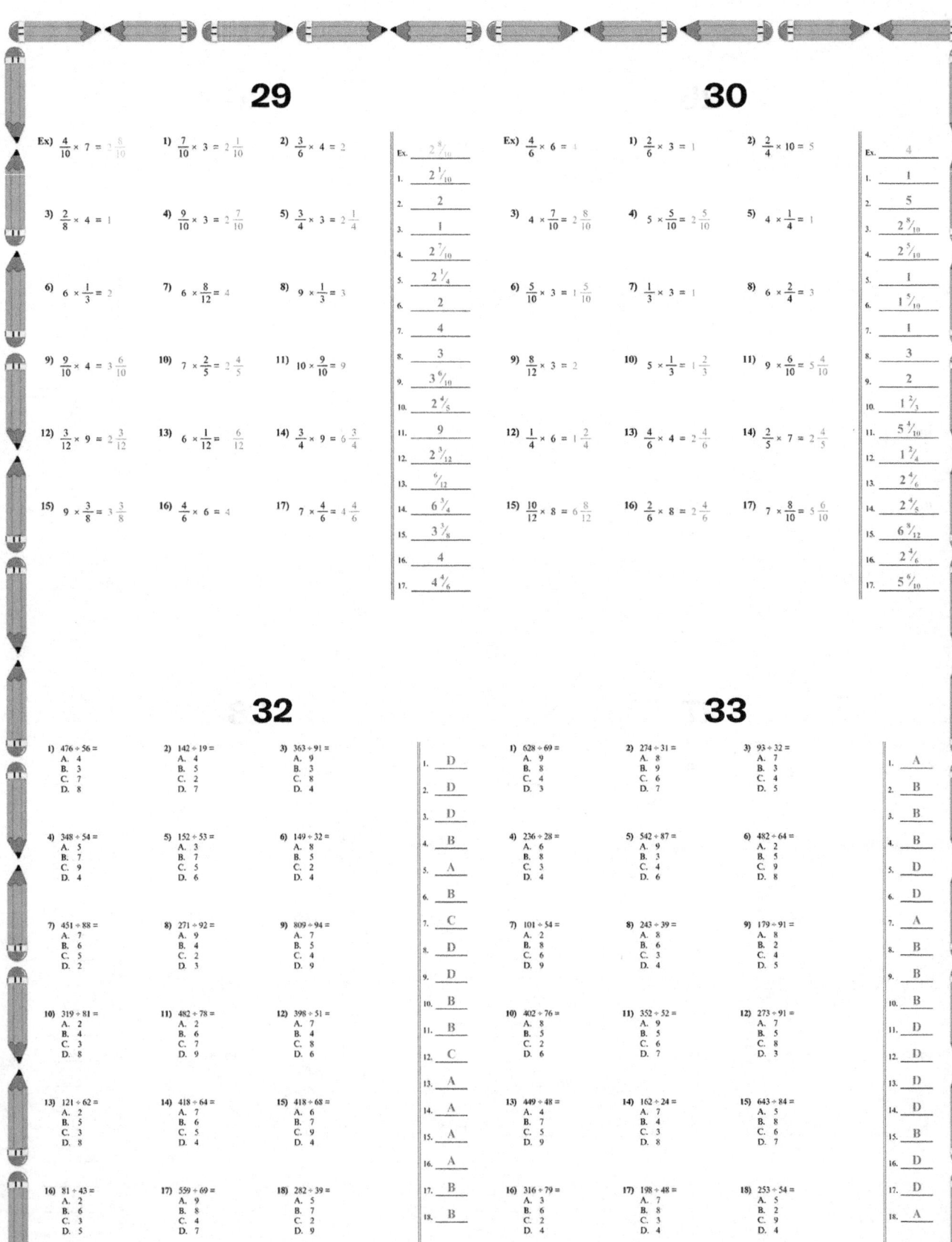

34

1) 203 ÷ 38 =
A. 6
B. 3
C. 2
D. 5

2) 179 ÷ 58 =
A. 2
B. 3
C. 4
D. 8

3) 626 ÷ 86 =
A. 4
B. 2
C. 7
D. 9

4) 364 ÷ 59 =
A. 3
B. 8
C. 6
D. 4

5) 449 ÷ 53 =
A. 9
B. 6
C. 2
D. 8

6) 123 ÷ 22 =
A. 5
B. 2
C. 8
D. 6

7) 211 ÷ 29 =
A. 6
B. 5
C. 4
D. 7

8) 236 ÷ 39 =
A. 5
B. 6
C. 9
D. 8

9) 631 ÷ 66 =
A. 8
B. 6
C. 9
D. 2

10) 477 ÷ 78 =
A. 5
B. 7
C. 6
D. 2

11) 351 ÷ 51 =
A. 8
B. 5
C. 7
D. 4

12) 121 ÷ 59 =
A. 3
B. 9
C. 2
D. 8

13) 123 ÷ 41 =
A. 3
B. 8
C. 7
D. 5

14) 536 ÷ 92 =
A. 3
B. 6
C. 5
D. 8

15) 79 ÷ 22 =
A. 5
B. 4
C. 7
D. 6

16) 36 ÷ 22 =
A. 4
B. 5
C. 3
D. 2

17) 58 ÷ 19 =
A. 4
B. 3
C. 2
D. 7

18) 79 ÷ 43 =
A. 9
B. 8
C. 3
D. 2

1. D
2. B
3. C
4. C
5. A
6. D
7. D
8. B
9. C
10. C
11. C
12. C
13. A
14. B
15. B
16. D
17. B
18. D

35

1) 58 ÷ 33 =
A. 6
B. 7
C. 2
D. 9

2) 149 ÷ 27 =
A. 2
B. 9
C. 8
D. 5

3) 483 ÷ 64 =
A. 5
B. 3
C. 4
D. 8

4) 182 ÷ 18 =
A. 3
B. 9
C. 6
D. 7

5) 488 ÷ 72 =
A. 8
B. 7
C. 2
D. 5

6) 351 ÷ 74 =
A. 5
B. 2
C. 8
D. 3

7) 269 ÷ 31 =
A. 9
B. 2
C. 4
D. 6

8) 544 ÷ 94 =
A. 6
B. 3
C. 7
D. 9

9) 352 ÷ 54 =
A. 9
B. 7
C. 3
D. 8

10) 358 ÷ 38 =
A. 9
B. 3
C. 8
D. 6

11) 161 ÷ 78 =
A. 6
B. 2
C. 5
D. 4

12) 202 ÷ 51 =
A. 4
B. 3
C. 5
D. 8

13) 361 ÷ 61 =
A. 7
B. 5
C. 9
D. 6

14) 484 ÷ 77 =
A. 6
B. 3
C. 2
D. 9

15) 812 ÷ 87 =
A. 4
B. 6
C. 9
D. 2

16) 717 ÷ 83 =
A. 7
B. 5
C. 9
D. 3

17) 81 ÷ 41 =
A. 6
B. 5
C. 3
D. 2

18) 176 ÷ 87 =
A. 2
B. 6
C. 5
D. 4

1. C
2. D
3. D
4. B
5. B
6. A
7. A
8. A
9. B
10. A
11. B
12. A
13. D
14. A
15. C
16. C
17. D
18. A

36

1) 183 ÷ 28 =
A. 3
B. 6
C. 8
D. 5

2) 87 ÷ 34 =
A. 4
B. 6
C. 2
D. 3

3) 251 ÷ 46 =
A. 6
B. 5
C. 4
D. 2

4) 238 ÷ 84 =
A. 9
B. 8
C. 6
D. 3

5) 638 ÷ 83 =
A. 8
B. 9
C. 2
D. 3

6) 359 ÷ 92 =
A. 4
B. 5
C. 9
D. 6

7) 63 ÷ 32 =
A. 9
B. 2
C. 7
D. 4

8) 809 ÷ 86 =
A. 9
B. 2
C. 6
D. 4

9) 538 ÷ 94 =
A. 6
B. 2
C. 5
D. 7

10) 118 ÷ 43 =
A. 6
B. 9
C. 3
D. 7

11) 124 ÷ 63 =
A. 7
B. 2
C. 4
D. 5

12) 182 ÷ 19 =
A. 8
B. 9
C. 7
D. 2

13) 299 ÷ 49 =
A. 6
B. 8
C. 9
D. 5

14) 634 ÷ 67 =
A. 9
B. 4
C. 6
D. 2

15) 269 ÷ 27 =
A. 3
B. 4
C. 9
D. 5

16) 482 ÷ 58 =
A. 2
B. 3
C. 7
D. 8

17) 199 ÷ 54 =
A. 4
B. 9
C. 8
D. 3

18) 357 ÷ 43 =
A. 6
B. 3
C. 8
D. 9

1. B
2. D
3. B
4. D
5. A
6. A
7. B
8. A
9. A
10. C
11. B
12. B
13. A
14. A
15. C
16. D
17. A
18. D

37

1) 723 ÷ 79 =
A. 3
B. 8
C. 9
D. 4

2) 324 ÷ 78 =
A. 4
B. 8
C. 2
D. 9

3) 103 ÷ 46 =
A. 8
B. 7
C. 2
D. 4

4) 123 ÷ 16 =
A. 8
B. 3
C. 2
D. 6

5) 57 ÷ 21 =
A. 9
B. 4
C. 3
D. 2

6) 628 ÷ 94 =
A. 4
B. 7
C. 6
D. 5

7) 246 ÷ 53 =
A. 5
B. 7
C. 8
D. 2

8) 266 ÷ 87 =
A. 7
B. 4
C. 5
D. 3

9) 318 ÷ 37 =
A. 5
B. 6
C. 4
D. 8

10) 118 ÷ 57 =
A. 3
B. 7
C. 6
D. 2

11) 722 ÷ 91 =
A. 2
B. 8
C. 4
D. 9

12) 564 ÷ 74 =
A. 2
B. 7
C. 8
D. 5

13) 86 ÷ 28 =
A. 2
B. 7
C. 3
D. 5

14) 239 ÷ 44 =
A. 4
B. 6
C. 7
D. 9

15) 492 ÷ 68 =
A. 7
B. 6
C. 9
D. 5

16) 304 ÷ 59 =
A. 4
B. 5
C. 3
D. 6

17) 39 ÷ 16 =
A. 2
B. 9
C. 4
D. 6

18) 153 ÷ 33 =
A. 2
B. 9
C. 4
D. 5

1. C
2. A
3. C
4. D
5. C
6. B
7. A
8. D
9. D
10. D
11. B
12. C
13. C
14. B
15. A
16. B
17. A
18. D

38

1) $179 \div 34 =$
A. 2
B. 6
C. 9
D. 7

2) $37 \div 21 =$
A. 2
B. 5
C. 8
D. 6

3) $417 \div 58 =$
A. 7
B. 2
C. 4
D. 9

4) $301 \div 59 =$
A. 5
B. 9
C. 4
D. 7

5) $104 \div 23 =$
A. 3
B. 2
C. 5
D. 7

6) $183 \div 62 =$
A. 7
B. 9
C. 3
D. 2

7) $718 \div 77 =$
A. 6
B. 9
C. 7
D. 4

8) $241 \div 28 =$
A. 5
B. 7
C. 8
D. 3

9) $161 \div 39 =$
A. 6
B. 2
C. 8
D. 4

10) $117 \div 16 =$
A. 6
B. 9
C. 5
D. 8

11) $318 \div 43 =$
A. 8
B. 7
C. 3
D. 4

12) $363 \div 89 =$
A. 8
B. 3
C. 6
D. 4

13) $347 \div 73 =$
A. 5
B. 8
C. 7
D. 3

14) $357 \div 44 =$
A. 8
B. 9
C. 5
D. 6

15) $242 \div 56 =$
A. 3
B. 2
C. 4
D. 5

16) $561 \div 82 =$
A. 9
B. 4
C. 7
D. 5

17) $239 \div 78 =$
A. 3
B. 9
C. 5
D. 7

18) $478 \div 64 =$
A. 3
B. 8
C. 7
D. 9

1. B
2. A
3. A
4. A
5. C
6. C
7. B
8. C
9. D
10. A
11. A
12. D
13. A
14. B
15. C
16. C
17. A
18. B

39

1) $177 \div 34 =$
A. 2
B. 6
C. 8
D. 4

2) $562 \div 84 =$
A. 5
B. 6
C. 7
D. 2

3) $244 \div 31 =$
A. 7
B. 8
C. 4
D. 6

4) $349 \div 46 =$
A. 3
B. 7
C. 5
D. 6

5) $204 \div 49 =$
A. 4
B. 5
C. 8
D. 7

6) $143 \div 21 =$
A. 7
B. 2
C. 9
D. 6

7) $103 \div 23 =$
A. 4
B. 2
C. 5
D. 8

8) $419 \div 62 =$
A. 7
B. 5
C. 8
D. 2

9) $557 \div 68 =$
A. 7
B. 8
C. 4
D. 5

10) $273 \div 92 =$
A. 6
B. 3
C. 2
D. 4

11) $397 \div 51 =$
A. 8
B. 2
C. 9
D. 7

12) $641 \div 77 =$
A. 3
B. 8
C. 4
D. 7

13) $298 \div 63 =$
A. 7
B. 5
C. 3
D. 2

14) $723 \div 76 =$
A. 5
B. 7
C. 8
D. 9

15) $84 \div 39 =$
A. 6
B. 5
C. 9
D. 2

16) $214 \div 71 =$
A. 2
B. 3
C. 9
D. 4

17) $317 \div 42 =$
A. 4
B. 7
C. 8
D. 9

18) $118 \div 38 =$
A. 3
B. 2
C. 4
D. 6

1. B
2. C
3. B
4. B
5. A
6. A
7. C
8. A
9. B
10. B
11. A
12. B
13. B
14. D
15. D
16. B
17. C
18. A

40

1) $267 \div 31 =$
A. 9
B. 5
C. 7
D. 4

2) $246 \div 52 =$
A. 5
B. 8
C. 9
D. 3

3) $281 \div 43 =$
A. 3
B. 7
C. 8
D. 2

4) $103 \div 48 =$
A. 6
B. 2
C. 8
D. 3

5) $162 \div 38 =$
A. 7
B. 4
C. 9
D. 6

6) $449 \div 52 =$
A. 4
B. 9
C. 8
D. 2

7) $119 \div 58 =$
A. 2
B. 6
C. 5
D. 7

8) $136 \div 67 =$
A. 5
B. 6
C. 8
D. 2

9) $147 \div 47 =$
A. 2
B. 6
C. 4
D. 3

10) $142 \div 17 =$
A. 2
B. 9
C. 6
D. 7

11) $177 \div 88 =$
A. 3
B. 4
C. 2
D. 7

12) $359 \div 94 =$
A. 4
B. 9
C. 7
D. 8

13) $87 \div 26 =$
A. 9
B. 8
C. 3
D. 5

14) $164 \div 16 =$
A. 8
B. 3
C. 6
D. 4

15) $239 \div 84 =$
A. 5
B. 3
C. 7
D. 4

16) $182 \div 31 =$
A. 4
B. 2
C. 6
D. 5

17) $177 \div 61 =$
A. 7
B. 8
C. 4
D. 3

18) $203 \div 49 =$
A. 8
B. 5
C. 9
D. 4

1. A
2. A
3. B
4. B
5. B
6. B
7. A
8. D
9. D
10. D
11. C
12. A
13. C
14. A
15. B
16. C
17. D
18. D

41

1) $201 \div 53 =$
A. 6
B. 4
C. 5
D. 2

2) $318 \div 36 =$
A. 7
B. 6
C. 8
D. 5

3) $149 \div 53 =$
A. 8
B. 7
C. 5
D. 3

4) $59 \div 32 =$
A. 4
B. 5
C. 7
D. 2

5) $317 \div 77 =$
A. 2
B. 6
C. 5
D. 4

6) $142 \div 23 =$
A. 6
B. 7
C. 9
D. 8

7) $179 \div 86 =$
A. 4
B. 9
C. 2
D. 8

8) $398 \div 79 =$
A. 7
B. 4
C. 3
D. 5

9) $239 \div 58 =$
A. 3
B. 2
C. 7
D. 4

10) $143 \div 66 =$
A. 4
B. 6
C. 2
D. 3

11) $723 \div 82 =$
A. 9
B. 3
C. 2
D. 8

12) $41 \div 18 =$
A. 7
B. 2
C. 3
D. 5

13) $118 \div 18 =$
A. 6
B. 8
C. 3
D. 2

14) $183 \div 32 =$
A. 9
B. 7
C. 6
D. 5

15) $446 \div 93 =$
A. 6
B. 5
C. 4
D. 7

16) $61 \div 18 =$
A. 6
B. 5
C. 7
D. 3

17) $476 \div 78 =$
A. 3
B. 9
C. 6
D. 4

18) $283 \div 44 =$
A. 6
B. 5
C. 8
D. 7

1. B
2. C
3. D
4. D
5. D
6. B
7. C
8. D
9. D
10. C
11. A
12. B
13. A
14. C
15. B
16. D
17. C
18. D

42

1) 400 ÷ 80 = 5
2) 14,003 ÷ 2,000 = 7 r3
3) 180 ÷ 30 = 6
4) 243 ÷ 40 = 6 r3
5) 5,400 ÷ 600 = 9
6) 3,200 ÷ 400 = 8
7) 480 ÷ 60 = 8
8) 6,302 ÷ 700 = 9 r2
9) 240 ÷ 60 = 4
10) 4,200 ÷ 700 = 6
11) 284 ÷ 40 = 7 r4
12) 1,806 ÷ 200 = 9 r6
13) 541 ÷ 90 = 6 r1
14) 3,500 ÷ 700 = 5
15) 27,000 ÷ 9,000 = 3
16) 1,501 ÷ 500 = 3 r1
17) 45,002 ÷ 9,000 = 5 r2
18) 8,001 ÷ 8,000 = 1 r1

43

1) 28,000 ÷ 7,000 = 4
2) 6,000 ÷ 2,000 = 3
3) 351 ÷ 70 = 5 r1
4) 30,004 ÷ 6,000 = 5 r4
5) 720 ÷ 80 = 9
6) 5,601 ÷ 800 = 7 r1
7) 3,004 ÷ 500 = 6 r4
8) 3,500 ÷ 700 = 5
9) 726 ÷ 90 = 8 r6
10) 27,000 ÷ 3,000 = 9
11) 61 ÷ 30 = 2 r1
12) 4,000 ÷ 500 = 8
13) 282 ÷ 40 = 7 r2
14) 56,000 ÷ 7,000 = 8
15) 2,802 ÷ 700 = 4 r2
16) 150 ÷ 50 = 3
17) 200 ÷ 40 = 5
18) 901 ÷ 900 = 1 r1

44

1) 121 ÷ 60 = 2 r1
2) 40,002 ÷ 8,000 = 5 r2
3) 270 ÷ 30 = 9
4) 500 ÷ 500 = 1
5) 45,000 ÷ 5,000 = 9
6) 35,003 ÷ 5,000 = 7 r3
7) 101 ÷ 50 = 2 r1
8) 3,603 ÷ 900 = 4 r3
9) 151 ÷ 30 = 5 r1
10) 15,000 ÷ 5,000 = 3
11) 407 ÷ 50 = 8 r7
12) 12,001 ÷ 6,000 = 2 r1
13) 2,104 ÷ 300 = 7 r4
14) 3,500 ÷ 700 = 5
15) 42,000 ÷ 7,000 = 6
16) 1,404 ÷ 200 = 7 r4
17) 160 ÷ 80 = 2
18) 50 ÷ 50 = 1

45

1) 360 ÷ 40 = 9
2) 630 ÷ 90 = 7
3) 725 ÷ 90 = 8 r5
4) 14,002 ÷ 2,000 = 7 r2
5) 7,000 ÷ 7,000 = 1
6) 212 ÷ 70 = 3 r2
7) 48,003 ÷ 8,000 = 6 r3
8) 3,602 ÷ 900 = 4 r2
9) 3,201 ÷ 400 = 8 r1
10) 1,800 ÷ 900 = 2
11) 10,000 ÷ 2,000 = 5
12) 72,000 ÷ 9,000 = 8
13) 4,806 ÷ 600 = 8 r6
14) 3,000 ÷ 500 = 6
15) 212 ÷ 70 = 3 r2
16) 36,001 ÷ 9,000 = 4 r1
17) 14,001 ÷ 7,000 = 2 r1
18) 1,400 ÷ 200 = 7

46

1) 150 ÷ 30 = 5
2) 401 ÷ 400 = 1 r1
3) 270 ÷ 30 = 9
4) 4,000 ÷ 500 = 8
5) 1,800 ÷ 300 = 6
6) 2,400 ÷ 400 = 6
7) 24,000 ÷ 8,000 = 3
8) 40,004 ÷ 5,000 = 8 r4
9) 4,500 ÷ 900 = 5
10) 36,002 ÷ 9,000 = 4 r2
11) 24,005 ÷ 4,000 = 6 r5
12) 120 ÷ 60 = 2
13) 631 ÷ 90 = 7 r1
14) 458 ÷ 50 = 9 r8
15) 5,400 ÷ 600 = 9
16) 35,002 ÷ 5,000 = 7 r2
17) 724 ÷ 90 = 8 r4
18) 31 ÷ 30 = 1 r1

1. 5
2. 1 r1
3. 9
4. 8
5. 6
6. 6
7. 3
8. 8 r4
9. 5
10. 4 r2
11. 6 r5
12. 2
13. 7 r1
14. 9 r8
15. 9
16. 7 r2
17. 8 r4
18. 1 r1

47

1) 100 ÷ 50 = 2
2) 352 ÷ 70 = 5 r2
3) 18,000 ÷ 9,000 = 2
4) 542 ÷ 60 = 9 r2
5) 2,401 ÷ 300 = 8 r1
6) 4,001 ÷ 4,000 = 1 r1
7) 5,604 ÷ 700 = 8 r4
8) 2,400 ÷ 300 = 8
9) 40,004 ÷ 5,000 = 8 r4
10) 32,001 ÷ 8,000 = 4 r1
11) 14,001 ÷ 7,000 = 2 r1
12) 60 ÷ 30 = 2
13) 5,600 ÷ 800 = 7
14) 54,000 ÷ 9,000 = 6
15) 484 ÷ 60 = 8 r4
16) 501 ÷ 500 = 1 r1
17) 150 ÷ 50 = 3
18) 2,400 ÷ 600 = 4

1. 2
2. 5 r2
3. 2
4. 9 r2
5. 8 r1
6. 1 r1
7. 8 r4
8. 8
9. 8 r4
10. 4 r1
11. 2 r1
12. 2
13. 7
14. 6
15. 8 r4
16. 1 r1
17. 3
18. 4

48

1) 56,001 ÷ 7,000 = 8 r1
2) 1,500 ÷ 500 = 3
3) 30,003 ÷ 5,000 = 6 r3
4) 1,808 ÷ 200 = 9 r8
5) 40 ÷ 40 = 1
6) 141 ÷ 70 = 2 r1
7) 120 ÷ 60 = 2
8) 35,003 ÷ 7,000 = 5 r3
9) 3,502 ÷ 700 = 5 r2
10) 210 ÷ 70 = 3
11) 2,400 ÷ 400 = 6
12) 21,000 ÷ 3,000 = 7
13) 322 ÷ 80 = 4 r2
14) 4,000 ÷ 500 = 8
15) 2,700 ÷ 300 = 9
16) 27,001 ÷ 9,000 = 3 r1
17) 36,002 ÷ 9,000 = 4 r2
18) 304 ÷ 60 = 5 r4

1. 8 r1
2. 3
3. 6 r3
4. 9 r8
5. 1
6. 2 r1
7. 2
8. 5 r3
9. 5 r2
10. 3
11. 6
12. 7
13. 4 r2
14. 8
15. 9
16. 3 r1
17. 4 r2
18. 5 r4

49

1) 180 ÷ 90 = 2
2) 16,000 ÷ 2,000 = 8
3) 3,005 ÷ 500 = 6 r5
4) 360 ÷ 40 = 9
5) 42,005 ÷ 7,000 = 6 r5
6) 27,000 ÷ 9,000 = 3
7) 2,800 ÷ 700 = 4
8) 71 ÷ 70 = 1 r1
9) 601 ÷ 300 = 2 r1
10) 562 ÷ 80 = 7 r2
11) 1,800 ÷ 900 = 2
12) 27,006 ÷ 3,000 = 9 r6
13) 12,000 ÷ 6,000 = 2
14) 21,001 ÷ 7,000 = 3 r1
15) 701 ÷ 700 = 1 r1
16) 240 ÷ 40 = 6
17) 900 ÷ 900 = 1
18) 1,001 ÷ 200 = 5 r1

1. 2
2. 8
3. 6 r5
4. 9
5. 6 r5
6. 3
7. 4
8. 1 r1
9. 2 r1
10. 7 r2
11. 2
12. 9 r6
13. 2
14. 3 r1
15. 1 r1
16. 6
17. 1
18. 5 r1

50

1) 560 ÷ 80 = 7
2) 32,000 ÷ 8,000 = 4
3) 7,001 ÷ 7,000 = 1 r1
4) 3,203 ÷ 400 = 8 r3
5) 2,700 ÷ 300 = 9
6) 2,403 ÷ 600 = 4 r3
7) 14,000 ÷ 2,000 = 7
8) 2,000 ÷ 2,000 = 1
9) 2,003 ÷ 400 = 5 r3
10) 484 ÷ 80 = 6 r4
11) 150 ÷ 30 = 5
12) 7,205 ÷ 900 = 8 r5
13) 8,001 ÷ 8,000 = 1 r1
14) 42,000 ÷ 6,000 = 7
15) 3,000 ÷ 600 = 5
16) 321 ÷ 80 = 4 r1
17) 82 ÷ 20 = 4 r2
18) 6,300 ÷ 700 = 9

1. 7
2. 4
3. 1 r1
4. 8 r3
5. 9
6. 4 r3
7. 7
8. 1
9. 5 r3
10. 6 r4
11. 5
12. 8 r5
13. 1 r1
14. 7
15. 5
16. 4 r1
17. 4 r2
18. 9

51

1) 2,400 ÷ 300 = 8
2) 60 ÷ 60 = 1
3) 480 ÷ 80 = 6
4) 80 ÷ 80 = 1
5) 3,001 ÷ 500 = 6 r1
6) 24,000 ÷ 8,000 = 3
7) 36,002 ÷ 9,000 = 4 r2
8) 3,603 ÷ 400 = 9 r3
9) 452 ÷ 90 = 5 r2
10) 800 ÷ 400 = 2
11) 501 ÷ 500 = 1 r1
12) 4,502 ÷ 900 = 5 r2
13) 15,002 ÷ 5,000 = 3 r2
14) 247 ÷ 30 = 8 r7
15) 48,002 ÷ 8,000 = 6 r2
16) 2,000 ÷ 2,000 = 1
17) 54,003 ÷ 9,000 = 6 r3
18) 2,000 ÷ 400 = 5

1. 8
2. 1
3. 6
4. 1
5. 6 r1
6. 3
7. 4 r2
8. 9 r3
9. 5 r2
10. 2
11. 1 r1
12. 5 r2
13. 3 r2
14. 8 r7
15. 6 r2
16. 1
17. 6 r3
18. 5

52

1) 6)963 = 1 6 0 r3 — 6 / 3 6 / 3 6 / 0 3 / 0 / 3
2) 9)937 = 1 0 4 r1 — 9 / 0 3 / 0 / 3 7 / 3 6 / 1
3) 4)893 = 2 2 3 r1 — 8 / 0 9 / 8 / 1 3 / 1 2 / 1
4) 9)220 = 0 2 4 r4 — 0 / 2 2 / 1 8 / 4 0 / 3 6 / 4
5) 2)207 = 1 0 3 r1 — 2 / 0 0 / 0 / 0 7 / 6 / 1
6) 9)344 = 0 3 8 r2 — 0 / 3 4 / 2 7 / 7 4 / 7 2 / 2
7) 7)657 = 0 9 3 r6 — 0 / 6 5 / 6 3 / 2 7 / 2 1 / 6
8) 5)542 = 1 0 8 r2 — 5 / 0 4 / 0 / 4 2 / 4 0 / 2
9) 7)562 = 0 8 0 r2 — 0 / 5 6 / 5 6 / 0 2 / 0 / 2
10) 2)121 = 0 6 0 r1 — 0 / 1 2 / 1 2 / 0 1 / 0 / 1
11) 2)657 = 3 2 8 r1 — 6 / 0 5 / 4 / 1 7 / 1 6 / 1
12) 6)625 = 1 0 4 r1 — 6 / 0 2 / 0 / 2 5 / 2 4 / 1

1. 160 r3
2. 104 r1
3. 223 r1
4. 24 r4
5. 103 r1
6. 38 r2
7. 93 r6
8. 108 r2
9. 80 r2
10. 60 r1
11. 328 r1
12. 104 r1

53

1) 2)213 = 1 0 6 r1 — 2 / 0 1 / 0 / 1 3 / 1 2 / 1
2) 4)738 = 1 8 4 r2 — 4 / 3 3 / 3 2 / 1 8 / 1 6 / 2
3) 8)294 = 0 3 6 r6 — 0 / 2 9 / 2 4 / 5 4 / 4 8 / 6
4) 4)483 = 1 2 0 r3 — 4 / 0 8 / 8 / 0 3 / 0 / 3
5) 5)374 = 0 7 4 r4 — 0 / 3 7 / 3 5 / 2 4 / 2 0 / 4
6) 9)547 = 0 6 0 r7 — 0 / 5 4 / 5 4 / 0 7 / 0 / 7
7) 8)121 = 0 1 5 r1 — 0 / 1 2 / 8 / 4 1 / 4 0 / 1
8) 7)271 = 0 3 8 r5 — 0 / 2 7 / 2 1 / 6 1 / 5 6 / 5
9) 9)521 = 0 5 7 r8 — 0 / 5 2 / 4 5 / 7 1 / 6 3 / 8
10) 5)517 = 1 0 3 r2 — 5 / 0 1 / 0 / 1 7 / 1 5 / 2
11) 2)621 = 3 1 0 r1 — 6 / 0 2 / 2 / 0 1 / 0 / 1
12) 2)953 = 4 7 6 r1 — 8 / 1 5 / 1 4 / 1 3 / 1 2 / 1

1. 106 r1
2. 184 r2
3. 36 r6
4. 120 r3
5. 74 r4
6. 60 r7
7. 15 r1
8. 38 r5
9. 57 r8
10. 103 r2
11. 310 r1
12. 476 r1

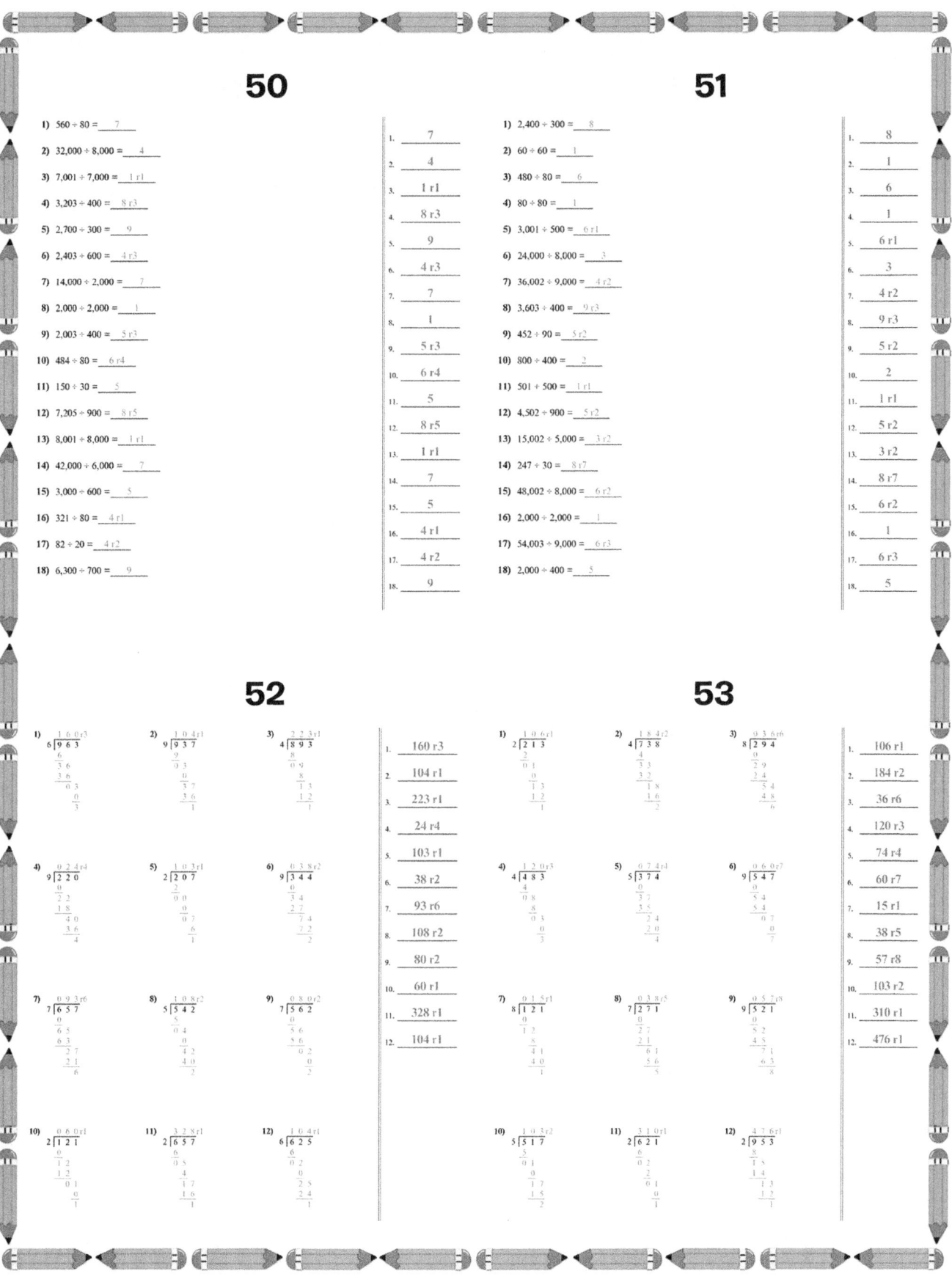

54

1) $3 \overline{)592}$ = 197 r1
2) $4 \overline{)109}$ = 027 r1
3) $9 \overline{)537}$ = 059 r6
4) $7 \overline{)471}$ = 067 r2
5) $3 \overline{)226}$ = 075 r1
6) $9 \overline{)561}$ = 062 r3
7) $2 \overline{)969}$ = 484 r1
8) $9 \overline{)969}$ = 107 r6
9) $2 \overline{)161}$ = 080 r1
10) $2 \overline{)593}$ = 296 r1
11) $9 \overline{)793}$ = 088 r1
12) $3 \overline{)172}$ = 057 r1

1. 197 r1
2. 27 r1
3. 59 r6
4. 67 r2
5. 75 r1
6. 62 r3
7. 484 r1
8. 107 r6
9. 80 r1
10. 296 r1
11. 88 r1
12. 57 r1

55

1) $9 \overline{)143}$ = 015 r8
2) $5 \overline{)189}$ = 037 r4
3) $8 \overline{)105}$ = 013 r1
4) $5 \overline{)749}$ = 149 r4
5) $6 \overline{)191}$ = 031 r5
6) $2 \overline{)875}$ = 437 r1
7) $2 \overline{)857}$ = 428 r1
8) $6 \overline{)322}$ = 053 r4
9) $2 \overline{)769}$ = 384 r1
10) $2 \overline{)549}$ = 274 r1
11) $9 \overline{)439}$ = 048 r7
12) $8 \overline{)815}$ = 101 r7

1. 15 r8
2. 37 r4
3. 13 r1
4. 149 r4
5. 31 r5
6. 437 r1
7. 428 r1
8. 53 r4
9. 384 r1
10. 274 r1
11. 48 r7
12. 101 r7

56

1) $5 \overline{)376}$ = 075 r1
2) $7 \overline{)393}$ = 056 r1
3) $7 \overline{)142}$ = 020 r2
4) $6 \overline{)157}$ = 026 r1
5) $2 \overline{)219}$ = 109 r1
6) $6 \overline{)689}$ = 114 r5
7) $5 \overline{)662}$ = 132 r2
8) $5 \overline{)312}$ = 062 r2
9) $9 \overline{)201}$ = 022 r3
10) $4 \overline{)311}$ = 077 r3
11) $5 \overline{)746}$ = 149 r1
12) $5 \overline{)492}$ = 098 r2

1. 75 r1
2. 56 r1
3. 20 r2
4. 26 r1
5. 109 r1
6. 114 r5
7. 132 r2
8. 62 r2
9. 22 r3
10. 77 r3
11. 149 r1
12. 98 r2

57

1) $9 \overline{)946}$ = 105 r1
2) $2 \overline{)341}$ = 170 r1
3) $4 \overline{)270}$ = 067 r2
4) $7 \overline{)785}$ = 112 r1
5) $4 \overline{)109}$ = 027 r1
6) $2 \overline{)275}$ = 137 r1
7) $9 \overline{)143}$ = 015 r8
8) $5 \overline{)566}$ = 113 r1
9) $6 \overline{)392}$ = 065 r2
10) $9 \overline{)838}$ = 093 r1
11) $5 \overline{)756}$ = 151 r1
12) $6 \overline{)788}$ = 131 r2

1. 105 r1
2. 170 r1
3. 67 r2
4. 112 r1
5. 27 r1
6. 137 r1
7. 15 r8
8. 113 r1
9. 65 r2
10. 93 r1
11. 151 r1
12. 131 r2

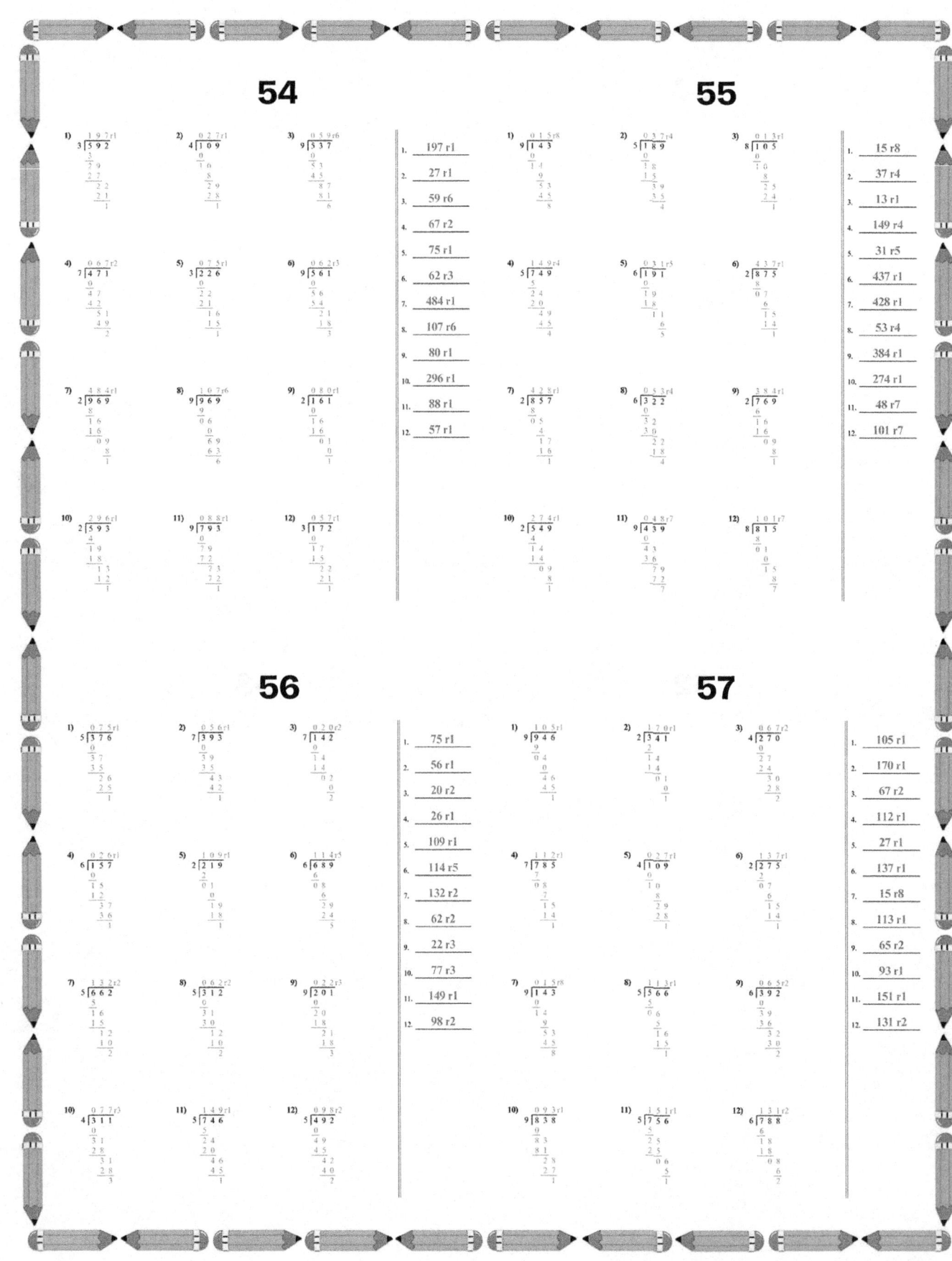

58

1) $8\overline{)342}$ 042 r6
2) $3\overline{)577}$ 192 r1
3) $9\overline{)946}$ 105 r1
4) $6\overline{)123}$ 020 r3
5) $8\overline{)961}$ 120 r1
6) $2\overline{)763}$ 381 r1
7) $5\overline{)539}$ 107 r4
8) $2\overline{)813}$ 406 r1
9) $7\overline{)643}$ 091 r6
10) $2\overline{)599}$ 299 r1
11) $6\overline{)385}$ 064 r1
12) $4\overline{)542}$ 135 r2

1. 42 r6
2. 192 r1
3. 105 r1
4. 20 r3
5. 120 r1
6. 381 r1
7. 107 r4
8. 406 r1
9. 91 r6
10. 299 r1
11. 64 r1
12. 135 r2

59

1) $2\overline{)101}$ 050 r1
2) $2\overline{)173}$ 086 r1
3) $7\overline{)376}$ 053 r5
4) $3\overline{)629}$ 209 r2
5) $7\overline{)101}$ 014 r3
6) $3\overline{)508}$ 169 r1
7) $5\overline{)978}$ 195 r3
8) $5\overline{)347}$ 069 r2
9) $6\overline{)260}$ 043 r2
10) $8\overline{)855}$ 106 r7
11) $8\overline{)943}$ 117 r7
12) $5\overline{)121}$ 024 r1

1. 50 r1
2. 86 r1
3. 53 r5
4. 209 r2
5. 14 r3
6. 169 r1
7. 195 r3
8. 69 r2
9. 43 r2
10. 106 r7
11. 117 r7
12. 24 r1

60

1) $5\overline{)417}$ 083 r2
2) $3\overline{)334}$ 111 r1
3) $2\overline{)277}$ 138 r1
4) $4\overline{)643}$ 160 r3
5) $5\overline{)143}$ 028 r3
6) $7\overline{)697}$ 099 r4
7) $5\overline{)752}$ 150 r2
8) $4\overline{)434}$ 108 r2
9) $2\overline{)939}$ 469 r1
10) $3\overline{)775}$ 258 r1
11) $9\overline{)283}$ 031 r4
12) $3\overline{)461}$ 153 r2

1. 83 r2
2. 111 r1
3. 138 r1
4. 160 r3
5. 28 r3
6. 99 r4
7. 150 r2
8. 108 r2
9. 469 r1
10. 258 r1
11. 31 r4
12. 153 r2

61

1) $3\overline{)731}$ 243 r2
2) $9\overline{)769}$ 085 r4
3) $8\overline{)860}$ 107 r4
4) $7\overline{)949}$ 135 r4
5) $8\overline{)733}$ 091 r5
6) $6\overline{)225}$ 037 r3
7) $7\overline{)949}$ 135 r4
8) $8\overline{)762}$ 095 r2
9) $6\overline{)176}$ 029 r2
10) $8\overline{)553}$ 069 r1
11) $9\overline{)673}$ 074 r7
12) $7\overline{)585}$ 083 r4

1. 243 r2
2. 85 r4
3. 107 r4
4. 135 r4
5. 91 r5
6. 37 r3
7. 135 r4
8. 95 r2
9. 29 r2
10. 69 r1
11. 74 r7
12. 83 r4

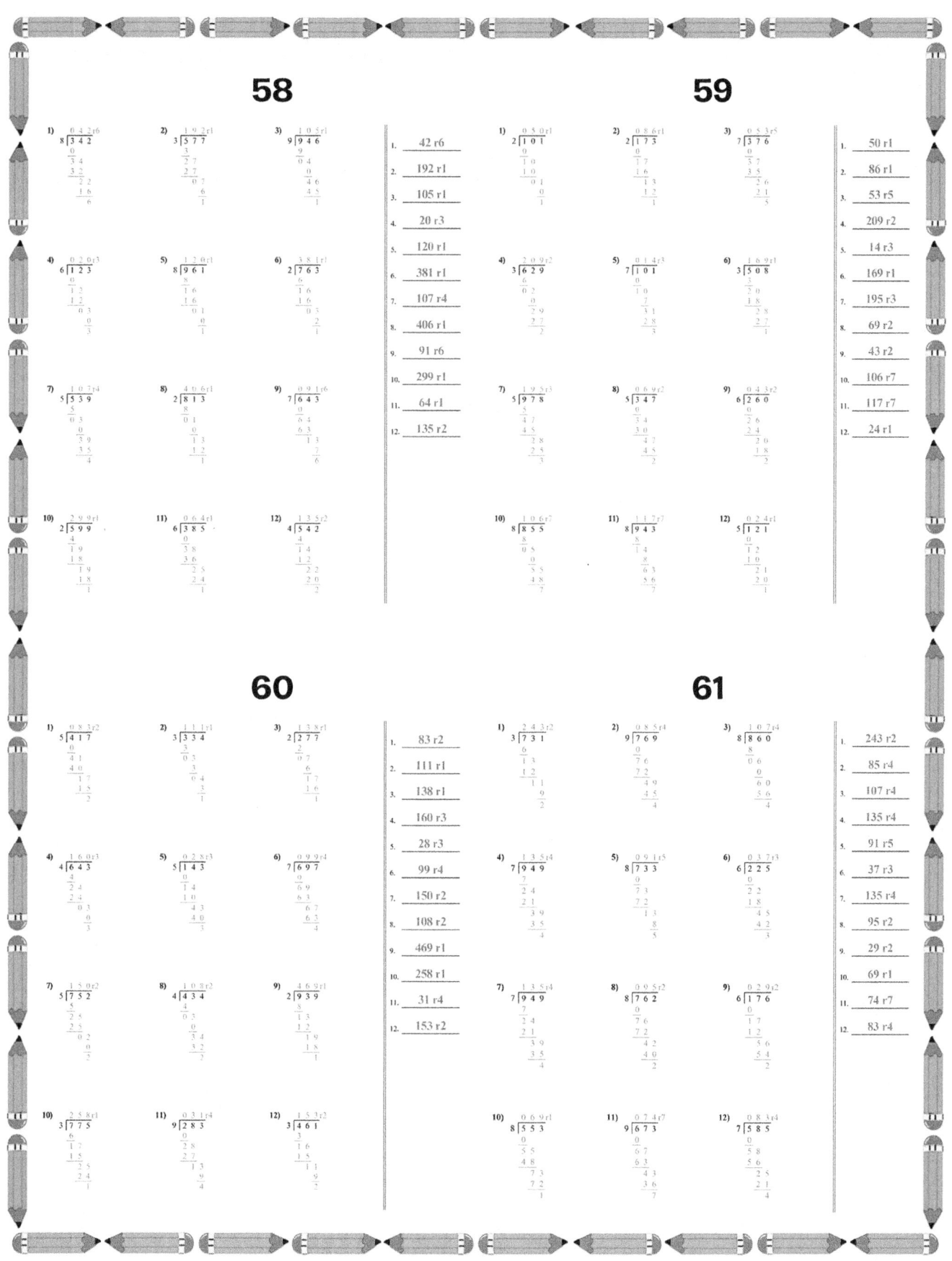

Made in the USA
Monee, IL
07 July 2026

56547348R00046